FASZINATION ERDE
SCHWEIZ

Zu den berühmtesten Luzerner Ansichten zählt die Kapellbrücke. Sie wurde nach einem Brand 1993 originalgetreu restauriert. Die Jesuitenkirche (rechts) gilt als erster großer Sakralbau der Schweiz.

FASZINATION ERDE
SCHWEIZ

Mit seiner Pyramidenform ist das Matterhorn wohl einer der spektakulärsten Berge und ein Wahrzeichen der Schweiz. Der 4478 Meter hohe Gigant liegt in den Walliser Alpen an der Grenze zu Italien.

ZU DIESEM BUCH

»Die Schweiz ist keine Nation, und sie braucht keine zu werden: sie ist viel weniger und viel mehr: ein ziviles Bündnis Verschiedener, geschaffen zum Schutz ihrer Verschiedenheit im Rahmen der Menschenrechte und der Menschenwürde. (…) Die Schweiz kann werden, was sie ist: keine Nation, aber ein Bündnis mit historischer Vergangenheit und einer möglichen Zukunft.«
Adolf Muschg in »O mein Heimatland!«, 1998

Schon seit Langem behauptet die Schweiz auf der touristischen Beliebtheitsskala einen Spitzenplatz. Dafür gibt es zahlreiche Gründe. Einer mag wohl sein, dass kein Land in Europa auf einer vergleichbar kleinen Fläche mehr Erlebniswelten als die Eidgenossenschaft bietet. Die stärksten Reize gehen dabei von den alpinen Landschaften aus – mit ehrfurchteinflößenden Viertausendern und riesigen Gletschern, aber auch sanften Hügeln und weiten Seen samt südlich anmutenden Palmenpromenaden.

Seit 1848 von Kriegen verschont, haben sich in der Schweiz viele historische Stätten und Stadtzentren hervorragend erhalten, die wie etwa Alt-Bern als kunsthistorische Schmuckstücke betrachtet werden können. Hinter den geschmackvoll renovierten Fassaden der Altstadtensembles, die sich durch ihre Geschlossenheit auszeichnen, erwarten den Besucher heute Kulturzentren, Museen und Galerien. Auf die einheimische Museenlandschaft, die in den vergangenen Jahren auch qualitativ kräftig gewachsen ist, können die Eidgenossen zu Recht stolz sein. Und natürlich fallen einem dann auch jene Begriffe ein, die den Mythos Schweiz ausmachen und die Teil eidgenössischer Identität sind: von Banken bis Uhren, von Käse bis Schokolade. Trotz aller Klischees – wer das kleine Land besucht, den erwartet eine ungemeine Vielfalt: Postkartenidylle und Hightech, regionales Brauchtum und internationales Flair, Beschaulichkeit und coole Szene.

Der vorliegende Band soll Ihnen einen Eindruck vom großen Reichtum der Schweiz an Naturschönheiten und Kulturschätzen vermitteln. Geografisch gegliederte Kapitel mit brillanten Fotos und ausführlichen Bildunterschriften zeigen Ihnen das Land der Kantone in all seinen schillernden Facetten. Der anschließende Atlasteil ermöglicht es Ihnen, Orte und Sehenswürdigkeiten zu lokalisieren, die Anfahrtswege zu überblicken und sich mithilfe von Piktogrammen zu orientieren. Das Register zu Bildband- und Atlasseiten enthält zusätzlich Internetadressen der wichtigsten Sehenswürdigkeiten. So können Sie das Buch zur Reisevorbereitung nutzen – oder darin einfach ganz entspannt nur schmökern.

Fällt in der Schweiz der Name Appenzell, denkt man spontan an eine gut erhaltene und teils wilde Naturlandschaft mit einem kernigen Menschenschlag. Hier ein Blick auf eine Alp im Säntisgebiet.

Einstmals haben die Eidgenossen ihr Land vorzugsweise mit einem Igel verglichen: Bei Gefahr rollt er sich kurzerhand ein, zeigt der Außenwelt seine Stacheln und hält sie damit auf Distanz. Heute dominiert in weiten Teilen der Schweiz die sogenannte »Swissness«, die einen prägenden Wesenszug der Willensnation gut zum Audruck bringt: Es ist dies die friedliche Koexistenz verschiedener gleichberechtigter Kultur- und Sprachgruppen nach dem unumstößlichen und allgemein akzeptierten Grundsatz, dass es keine Hierarchie geben darf.

DER NORDWESTEN
Basel 10
Kunststadt Basel 12
Aargau, Solothurn 14

DER OSTEN
Zürich 18
Bankenstadt Zürich 20
Zürichsee 22
Schaffhausen, Rheinfall, Stein am Rhein 24
Kreuzlingen, Romanshorn, Rorschach 26
Kartause Ittingen 28
Stiftsbibliothek St. Gallen 30
Wil 32
Toggenburg, Churfirsten,
Walensee, Werdenberg 34
Appenzeller Land 36

DER WESTEN
Porrentruy, St. Ursanne 40
Neuchâtel, Estavayer-le-Lac 42

INHALTSVERZEICHNIS

Schweizer Jura	44	Kandersteg, Adelboden	84
Fribourg, Murten, Gruyeres	46	Simmental, Gstaad	86
Bieler See	48	Luzern	88
Emmental	50	Vierwaldstätter See, Rigi, Pilatus	90
Schweizer Käse –		*Wilhelm Tell –*	
Käse schließt den Magen	52	*sagenhafter Freiheitsheld*	92
Genfer See	54	Schächental, Klausenpass, Glarner Alpen	94
Lausanne	56	Menzingen, Ägerisee, Zuger See	96
Montreux	58	Einsiedeln, Wägital, Altendorf	98
Genf	60		
Präzision und Eleganz: Schweizer Uhren	62	**GRAUBÜNDEN**	
		Chur, Surselva, Arosa, Davos	102
DIE MITTE		*Über kühne Viadukte zum Dach Europas*	104
Bern	66	Unterengadin	106
Thuner See, Interlaken, Brienzer See	70	Schweizerischer Nationalpark	108
Meiringen, Susten	72	Müstair	110
Auf Passstraßen in neue Welten	74	Pontresina, Rosegtal	112
Berner Oberland	76	St. Moritz	114
Grindelwald, Wengen, Kleine Scheidegg	78	Bernina-Gruppe, Silvaplana, Silser See	116
Mürren, Lauterbrunnen	80	Bergell	118
Eiger, Mönch, Jungfrau	82	Via Mala, San Bernardino	120

TESSIN	
Im Bauch des Gotthardmassivs	124
Val Bedretto, Valle Leventina	126
Bellinzona	128
Valle Verzasca, Val Lavizzara	130
Lago Maggiore	132
Lago di Lugano	134
WALLIS	
Rhonegletscher	138
Aletschgletscher	140
Rhonetal, Lötschental	142
Saas-Fee	144
Monte Rosa, Weisshorn	146
Mattertal, Zermatt	148
Val d'Hérens, Val de Zinal, Val Ferret	150
Atlas	152
Register, Webadressen	158
Bildnachweis, Impressum	160

Die frühklassizistische Solothurner St.-Ursen-Kathedrale mit ihrem Zwiebelturm birgt einen umfangreichen Domschatz, wozu eine Marienstatue und eine kostbare Reichenauer Handschrift von 983 gehören. Hier im Vordergrund der Fischbrunnen (großes Bild). Auf Solothurner Gebiet erstreckt sich der Regionale Naturpark Thal (links oben). Sein Naturwaldanteil macht rund die Hälfte des Areals aus.

DER NORDWESTEN

Aufgrund seiner Lage an den Grenzen zu den Nachbarländern Deutschland und Frankreich stellt der Nordwesten der Eidgenossenschaft einen Sonderfall dar. Und deswegen hat man dort schon früh damit begonnen, über die nationalen Grenzen hinweg zusammenzuarbeiten und die Entwicklung des Dreiländerecks gemeinsam zu steuern. An den Kanton Basel mit der gleichnamigen und größten Stadt der Region grenzen im Süden und im Westen Solothurn sowie im Osten und Nordosten Aargau an.

Von seiner elegantesten Seite zeigt sich Basel im Dämmerlicht. Majestätisch überragt die Martinskirche den von prächtigen Palästen gesäumten Rheinuferabschnitt. Dort verbindet die Mittlere Rheinbrücke die beiden Altstadtteile Grossbasel und Kleinbasel (großes Bild). Das geschmückte Rathaus ist Sitz des Parlaments und der Regierung (rechte Seite). Eine Woche nach der deutschen Fasnacht beginnen mit dem bekannten Morgenstreich die »drey scheenschte Daag«, deren musikalische Untermalung fantasievoll maskierte und kostümierte Fasnächtler liefern (oben).

Basel

Die »Golden Pforte Helvetiens«, wie die ehemalige Bischofsstadt am Rheinknie einst genannt wurde, behauptet sich als wirtschaftliches und kulturelles Zentrum einer Region, durch die sich drei nationale Grenzen ziehen. Aus Südbaden und dem Elsass gelangen Tag für Tag Zehntausende von Grenzgängern nach Basel, das nicht nur Arbeitsplätze, sondern auch ein ausgesprochen attraktives Kulturprogramm bietet und sich als Messe- und Kongressstandort einen Namen gemacht hat. Nur wenige Städte der Schweiz können auf eine herausragendere humanistische Tradition zurückblicken als Basel. Dort öffnete schon 1460 die erste Universität auf Schweizer Boden ihre Pforten, zudem darf sich Basel als älteste Buchdruckerstadt des Landes betrachten. Neben der Altstadt lädt vor allem das Rheinufer mit seinen Cafés und Restaurants zum ausgedehnten Flanieren ein.

Wassily Kandinskys Gemälde »La Flèche« von 1943 sowie Paul Klees »Villa R« von 1919 (oben links und Mitte) und »Senecio« von 1922 (unten Mitte) befinden sich im Basler Kunstmuseum. Einblicke in das zeitgenössische Kunstschaffen vermittelt alljährlich die »ART Basel«, die zahlreiche Liebhaber zeitgenössischen Kunstschaffens in die Messehallen lockt (unten links, rechte Seite Mitte und unten). Ein Saal in der Fondation Beyeler in Riehen ist Picasso gewidmet (oben rechts), dort erwartet den Besucher auch die »Magie der Bäume« (rechte Seite oben).

KUNSTSTADT BASEL

Den schönen Künsten waren die Basler stets zugetan, und so legten sich kunstsinnige Bürger seit der Renaissance fleißig Sammlungen zu. Basel ist der Geburtsort des berühmten Kupferstechers Matthäus Merian, und der Gelehrte Basilius Amerbach begann hier im 16. Jahrhundert Goldschmiedearbeiten und Zeichnungen zu sammeln. Später erwarb die Stadt sein Kabinett und gründete damit Europas erste öffentlich zugängliche Kunstsammlung. Heute gilt Basel als Mekka für Sammler zeitgenössischer Kunst und Galeristen, die sich jährlich im Juni auf der Messe »ART Basel« ein Stelldichein geben. Zu ihnen zählt auch der Galerist Ernst Beyeler. Mitte der 1990er-Jahre erbaute er im Vorort Riehen ein lichtes einstöckiges Museumsgebäude, die »Fondation Beyeler«. Den Grundstock dieser Privatsammlung bilden Werke der klassischen Moderne, darunter Gemälde von Miró, Kandinsky, Cézanne und van Gogh. Im mittelalterlichen Sankt-Albans-Quartier eröffnete 1980 das erste europäische Museum, das sich ausschließlich dem zeitgenössischen Kunstschaffen verschrieben hat. Es ist in einer ehemaligen Papierfabrik untergebracht. Dort werden Werke von den 1960er-Jahren bis heute aus den Beständen des Kunstmuseums Basel und der Emanuel-Hofmann-Stiftung ausgestellt.

Sanfte Hügellandschaften kennzeichnen über weite Teile das Solothurner Kantonsgebiet (oben). Im Aargau hat zwar die Landwirtschaft ihre einst wichtige Rolle schon längst eingebüßt, dem Obstanbau (großes Bild oben) kommt jedoch nach wie vor eine tragende Rolle zu. Von Pappeln gesäumte Ufer sind an der Aare, der der Kanton seinen Namen verdankt, keine Seltenheit (großes Bild unten). Die 1123 erstmals erwähnte Aarburg dominiert das nach ihr benannte Städtchen. Die Aarauer Stadtkirche geht auf das späte 15. Jahrhundert zurück (rechte Seite von oben).

Aargau, Solothurn

Erst 1803 gegründet, zählt der Aargau zu den jüngeren Kantonen. Ähnlich wie im Thurgau fehlt auch dort ein städtisches Zentrum, obschon die Verstädterung in den letzten Jahren zugenommen hat. Wenngleich der Aargau heute stark durch mittelständische Unternehmen und immer weniger durch Landwirtschaft geprägt ist, hält sich im Rest der deutschen Schweiz der scherzhafte Name »Rüeblikanton«. Ein reiches Architekturerbe kann hingegen Solothurn, Hauptort des gleichnamigen Kantons, vorweisen. »Alles ist mittelalterlich: Die Stadt liegt sehr angenehm an beiden Seiten der Aare, amphitheatralisch zur Juramauer ansteigend«, schrieb der Geograf Hermann Adalbert Daniel 1870 in seinem Geografiehandbuch. Als eines der herausragenden Bauwerke gilt der Ambassadorenhof, einst Sitz des französischen Gesandten bei der Eidgenossenschaft.

Die kleinen Städte am Schweizer Ufer des Bodensees, etwa Stein am Rhein (großes Bild), zeigen in ihrem Stadtbild die weit zurückreichende Geschichte und den kulturellen Reichtum des Landes – mit ihren belebten Straßen wirken sie fast südländisch. Am östlichen Schweizer Obersee erreichen die Alpen fast das Seeufer. Hier geht die Sonne gerade über Rorschacher Bucht und Rheindelta auf (unten links).

DER OSTEN

Die Schweiz hat entlang einer geraden Linie Anteil am Bodensee: am weiten Obersee und am Untersee mit dem nahen deutschen Ufer. Das Schweizer Hinterland des Bodensees und das Alpsteinmassiv erreichen mit dem Säntis (2502 Meter) ihren höchsten Punkt. Dazwischen liegen idyllische Hügellandschaften, alte Städtchen, die Metropole St. Gallen und die Tallandschaften des Appenzeller Landes. Einen schönen Überblick bieten neben dem Säntis auch die weniger hohen Berge zwischen Hohem Kasten und Hörnli.

Hinter dem Limmatquai erheben sich die zwei berühmtesten Wahrzeichen von Alt-Zürich: das Großmünster und die (zwischen dessen Doppeltürmen durchlugende) Wasserkirche (großes Bild). Dort erstreckt sich auch das Amüsierviertel Niederdorf. Die in den Zürichsee mündende Limmat teilt den historischen Kern (unten links). Der Zürcher Hauptbahnhof mit der Statue des Industriellen Escher-Wyss gilt als Symbol für eine rastlose Stadt. Die mondäne Bahnhofstrasse zeichnet sich durch die landesweit größte Dichte an Luxusboutiquen und Kreditinstituten aus (oben).

Zürich

Als größte Stadt und Wirtschaftsmetropole zieht das ostschweizerische Zürich dank seiner Lebensqualität und nicht zuletzt wegen seiner hohen Löhne auch viele Deutsche an. Das einstige Image als verschlafene Bankenstadt hat die Stadt an der Limmat längst schon abgestreift. Sie genießt heute weltweit den Ruf einer blühenden Metropole. Inzwischen wurden die ehemaligen Industriequartiere, deren Betriebe schon lange stillgelegt sind, zu schrillen Ausgehmeilen umfunktioniert. Wo einst Stahl produziert wurde, pulsiert heute das legendäre Zürcher Nachtleben. In den einstigen Industrievierteln im »Kreis 5« zwischen Hauptbahnhof und Zürich West haben Künstler Ateliers eröffnet. Dort proben auch Musiker, zudem beleben Theater und Galerien die Kulturszene. In den Gassen der Altstadt bewahrt Zürich freilich seinen kleinstädtischen Charme.

Himmelwärts strebend wirkt der Eingangsbereich des Hauptgebäudes der Großbank UBS. Der Prachtbau wurde Ende des Ersten Weltkriegs an der Bahnhofstrasse errichtet (großes Bild, oben). Ob nun Edelmetall, Kunst oder sonstige Reichtümer: Hinter den Stahltüren der Tresore und in den Safes der Zürcher Großbanken sind die Preziosen wohl aufgehoben. Zu den Schwergewichten der Finanzwelt zählt der Crédit Suisse an der Bahnhofstrasse. Wie viel Tonnen Gold unter dem Marmorpflaster ruhen, ist Gegenstand heftiger Spekulationen (Bildleiste rechts).

BANKENSTADT ZÜRICH

Gehören Bahnhofstraßen in Deutschland nicht unbedingt zu den nobelsten Adressen, ist das in Zürich genau umgekehrt. Die wohl berühmteste Bahnhofstraße aller Länder führt dort vom Hauptbahnhof zum Zürichsee. Auf halber Höhe der Flanier- und Geschäftsmeile betritt man den Paradeplatz, wo neben der Confiserie Sprüngli auch Schweizer Großbanken ihren Sitz haben. Regelmäßig weist der Global Financial Centres Index die heimliche Hauptstadt der Schweiz als eines der führenden Finanzzentren aus – hinter London, New York, Singapur und Hongkong meist auf Rang fünf. Diese Reputation hat sich der Bankenplatz Zürich über viele Jahrzehnte hinweg aufgebaut. Anleger finden heute in den Angeboten der Kreditinstitute eine breite Palette von Finanzprodukten und Dienstleistungen. Als geschäftsfördernd hat sich der Umstand erwiesen, dass Import und Export von ausländischen Währungen bewilligungsfrei sind. So stieg das Land zu einem der weltweit größten Vermögensverwalter sowohl für Privatkunden als auch für institutionelle Anleger auf. Unternehmen siedeln sich gerne in der Schweiz an, weil sie dort günstige steuerliche Voraussetzungen vorfinden. Allerdings hat der Ruf des Finanzplatzes Schweiz im Zuge der jüngsten Finanzkrise – Stichwort »Steueroase« – zuletzt ein wenig gelitten.

Trotz Verstädterung hält sich die Landwirtschaft am Zürichsee wacker. Dieser Bauernhof bei Rapperswil trägt den Beinamen »Rosenstadt«, weil dort im Sommer Rosenfelder blühen (großes Bild). Oben: Landsitz auf der Insel Au, Blick auf den Zürichsee von Wädenswil aus.

Zürichsee

Aus der Vogelperspektive gleicht der Zürichsee einer Banane. Er ist bis Rapperswil rund 28 Kilometer lang und erreicht zusammen mit dem Obersee rund 42 Kilometer. An der breitesten Stelle zwischen Stäfa und Richterswil misst er knapp vier Kilometer. Zwischen Rapperswil und Pfäffikon liegen zwei Inseln, die bewohnte Ufenau und die unter Naturschutz stehende unbewohnte Lützelau. Bei Rapperswil weist der See eine Verengung auf, gebildet durch die Halbinsel Hurden. Dort erbaute man einen Seedamm. Seither nennt man den Teil zwischen Rapperswil und Schmerikon Obersee. Das rechte Ufer heißt wegen seiner sonnigen Lage und der überdurchschnittlich einkommensstarken Bevölkerungsschicht im Volksmund »Goldküste«, während das meteorologisch weniger verwöhnte linke Ufer leicht herablassend »Pfnüselküste« (Pfnüsel = Schnupfen) genannt wird.

»Halte dein Herz, o Wanderer, fest in gewaltigen Händen! Mir entstürzte vor Lust zitternd das meinige fast.« So schilderte Eduard Mörike im 19. Jahrhundert seine Empfindungen angesichts des gewaltigen Rheinfalls (großes Bild: links Schloss Laufen). Oben: Fassadenmalereien in Stein am Rhein; rechte Seite: Mohrenbrunnen in Schaffhausen, dessen Altstadt von der Festung Munot bewacht wird (unten).

Schweiz | Der Osten

Schaffhausen, Rheinfall, Stein am Rhein

Schaffhausen steht für den Rheinfall. Ihm verdanken die Bürger den Aufschwung der im 11. Jahrhundert gegründeten Stadt mit dem Steinbock im Wappen. Weil der Schiffsverkehr zwischen Basel und Konstanz durch den Wasserfall unterbrochen war, mussten die Waren auf dem Landweg transportiert werden. Das war Fuhrleuten, Zöllnern und Stadtherren, die daran verdienten, nur recht. Allerdings hat Schaffhausen mehr zu bieten als diese Naturattraktion, die jährlich bis zu 1,5 Millionen Schaulustige anzieht. Berühmt sind die erkerverzierten Bürgerhäuser in der Altstadt. Wahrzeichen ist die Festung Munot, die nach Albrecht Dürers Plänen errichtet wurde. Ganz In der Nähe liegt das pittoreske Stein am Rhein, wo der Rhein aus dem Untersee austritt. Die Fassaden und Fachwerkhäuser von Stein zählen zu den reifsten Schöpfungen des Spätmittelalters.

Der bedeutendste Teil der Klosteranlage von Kreuzlingen ist die Kirche St. Ulrich und Afra, die nach den Zerstörungen des Dreißigjährigen Krieges in spätbarocker Pracht errichtet wurde. Zu ihren herausragenden Werken zählt die Chorschranke, die früher weltliche und geistliche Gemeinde trennte (großes Bild). Das Kloster Mariaberg oberhalb von Rorschach beherbergt einen im 16. Jahrhundert reich mit Fresken bemalten Kapitelsaal (rechte Seite). Romanshorn, das von der Pfarrkirche St. Johannes überragt wird, ist vor allem als Jacht- und Fährhafen von Bedeutung (oben).

Kreuzlingen, Romanshorn, Rorschach

Als Eisenbahnersiedlung gewann Kreuzlingen, das trotz Staatsgrenze in vielfältiger Weise mit der rund 80 000 Einwohner zählenden Schwesterstadt Konstanz in Deutschland verwoben ist, erst im 19. Jahrhundert an Gewicht. Der Ortsname bezieht sich auf das Augustinerkloster, in dem angeblich ein Splitter des heiligen Kreuzes als Reliquie aufbewahrt wurde. Heute schätzen vor allem Besucher aus Konstanz den ausgedehnten Seepark mit Sportanlagen und Restaurants. Romanshorn empfiehlt sich als Hafenort. Von dort aus führt eine Fährverbindung nach Friedrichshafen auf der anderen Seeseite. Etliche Baudenkmäler aus dem Spätmittelalter, darunter das Kornhaus und das ehemalige Benediktinerkloster Marienberg, darf Rorschach sein Eigen nennen. Die Pfarrkirche wurde im 17. und 18. Jahrhundert umgebaut.

Kartäusermönche erbauten vor 800 Jahren Kloster Ittingen oberhalb des Flusses Thur (Bildleiste links; Mitte und rechts: Hochaltar und Deckengemälde). Impressionen vom einstigen Leben der Mönche vermittelt das Klostermuseum (großes Bild). Mit seiner Kassettendecke zählt der einstige Speisesaal zu den schönsten Räumen der Kartause (kleines Bild unten).

KARTAUSE ITTINGEN

»Oh Thurgau, du Heimat, wie bist du so schön, Dir schmücket der Sommer die Täler und Höhn«: So beginnt die Hymne des Kantons aus der Feder des Thurgauers Johannes Wepf (1810–1890). Zu dem so verklärten Landschaftsbild gehört fraglos auch die Kartause Ittingen, die als Kloster mitsamt Ortschaft vor über 800 Jahren gegründet wurde. Heute im Besitz des Kantons, gilt Ittingen als eines der bedeutendsten Kulturdenkmäler der Gegend. Nach jahrelanger Renovation wurde die Kartause 1983 wiedereröffnet und dient seither als Kultur- und Tagungszentrum mit zwei Museen. Inzwischen hat sich die Kartause auch als Begegnungszentrum für Menschen unterschiedlicher Kulturen, Religionen und Länder einen Ruf erworben. Durch die klösterliche Vergangenheit geprägt, bleibt die Kartause Ittingen spirituellen Werten verpflichtet. Gastfreundschaft, Fürsorge, Bildung und Begegnung, Besinnung und Naturverbundenheit stehen deshalb im Betriebskonzept an vorderster Stelle. Weit über die Landesgrenzen hinaus bekannt ist das Schulungs- und Seminarzentrum, das durch ein Hotel ergänzt wurde. Dazu entstand ein Restaurant mit Festräumen. Nach dem Vorbild der Klostergründer legte man sich einen Bauernhof mit eigener Käserei zu. Sanfte Weinberge umgeben die Anlage, die auch eine Gärtnerei umfasst.

Der Bibliothekssaal (großes Bild) gilt seit der Aufhebung des Klosters im Jahr 1805 als der schönste nicht kirchliche Barocksaal der Schweiz. In den Büchervitrinen stehen Zigtausende von alten Büchern und in den Schaukästen werden in wechselnden Ausstellungen die schönsten Exemplare gezeigt. Etwas aus dem Rahmen fällt die altägyptische Mumie, die in einem der Kästen liegt. Die Stiftskirche (oben) ist einer der letzten monumentalen Sakralbauten des Spätbarocks. Der Innenraum (rechte Seite) zeigt verschwenderische Pracht.

STIFTSBIBLIOTHEK ST. GALLEN

Feine Einlegearbeiten verleihen dem Parkett Profil, vergoldetes Schnitzwerk und prachtvolle Gemälde schmücken die Decke des schönsten Lesesaales der Schweiz. Die kostbare Gestaltung der zweistöckigen Stiftsbibliothek von St. Gallen schafft einen würdigen Rahmen für den wertvollen Bestand. Aufgereiht wie Medikamente in Apothekerschränken, haben diese Juwelen der Bibliothek zum Beinamen »Arzneistube des Geistes« verholfen. Aus dem Jahr 820 stammt der einzigartige Klosterplan, nach dessen Vorgaben das St. Galler Kloster angelegt wurde. Neben irischen Handschriften und den um 900 verfertigen Elfenbeintafeln in den Deckelplatten des »Evangelium longum« besitzt die Rokoko-Bibliothek den Psalter des Notker Labeo aus dem 10. Jahrhundert. Die kunstvoll verzierten Bücher stehen seit der Aufhebung des Klosters 1805 in den intarsienverzierten Wandschränken unter dem stuckierten Tonnengewölbe des Manuskriptsaals. Im Mittelpunkt des Areals thront die Stiftskirche (Dom). Langhaus und Rotunde hat der Vorarlberger Baumeister Peter Thumb entworfen, nach dessen Plänen auch das Innere der Stiftsbibliothek gestaltet wurde. Stiftsbibliothek und -kirche bilden ein Baudenkmal von Weltrang, deshalb wurde der ganze Bezirk von der UNESCO zum Weltkulturerbe erhoben.

Der Osten | Schweiz

So müssen Schweizer Altstädte aussehen: Unter den Fahnen mit mittelalterlichen Symbolen hält die Gegenwart dank zahlreicher Läden alle Annehmlichkeiten bereit. Hier ein Blick in die Marktgasse von Wil (großes Bild). Über die Fußgängerzone in der Bahnhofstrasse gelangt man in das Zentrum. Auch mit Fachwerkhäusern kann Wil glänzen (oben).

32 **Schweiz** | Der Osten

Wil

Als Aushängeschild des Städtchens gilt der Hof zu Wil, inzwischen Baudenkmal von nationaler Bedeutung. In seiner über 800-jährigen Geschichte hat er einiges erlebt: Fast ein halbes Jahrtausend hatten die Äbte von St. Gallen dort das Sagen. Nach ihrem Abgang richteten sich hier Bierbrauer ein. Seit 1990 ist eine Stiftung für den Hof verantwortlich. Sie will der Öffentlichkeit den Hof als Treffpunkt für gesellschaftliche und kulturelle Begegnungen schmackhaft machen. Klein, aber durchgängig gut erhalten wirkt die Altstadt, deren Häuser entlang zweier Gassen erbaut wurden. Dort stößt der Besucher auf weitere markante Baudenkmäler wie etwa das Baronenhaus und die spätgotische Pfarrkirche St. Niklaus. Jüngste touristische Attraktion ist der Wiler Turm auf dem Hofberg. Von dort aus bietet sich ein fantastischer Rundblick über Stadt und Land.

Über Werdenberg im Kanton St. Gallen thront das gleichnamige Schloss, dessen Museum in der Besuchergunst sehr hoch steht (großes Bild). Werdenberg rühmt sich, mit knapp fünf Dutzend Einwohnern die kleinste Stadt der Schweiz zu sein. Hoch über dem Walensee ragen die bizarren Konturen der Churfirsten in die Höhe (unten). Oben: Abendstimmung bei Toggenburg mit zwei einsamen Bäumen vor der Silhouette der Voralpen.

Toggenburg, Churfirsten, Walensee, Werdenberg

Mit wohltuender Stille empfängt die Talschaft Toggenburg ihre Besucher, die dort herrliche Wanderungen unternehmen können. Wer das Tal in seiner Längsrichtung erkunden will, sollte gut zu Fuß sein, da diese Gegend am Alpenrand viele Höhen und Gräben aufweist. Auf der sonnenverwöhnten Südseite erstreckt sich der Alpstein, auf der Nordseite sind es die Churfirsten. Die bis zu 2306 Meter hohe Churfirstenkette fällt nach Süden zum Walensee ab. Sie besteht aus Jura- und Kreidekalk. Im Sarganserland und am Walensee liegt auch das »Heidiland«, eine vom Fremdenverkehr ersonnene Destination. Dennoch muss diese Gegend dank ihrer landschaftlichen Attraktivität den Vergleich mit anderen Ferienzielen der Schweiz nicht scheuen. Dazu zählt nicht zuletzt das abgelegene Weisstannental, in dem allmorgendlich eine Ziegenherde bergaufwärts getrieben wird.

Bestandteil des lokalen Brauchtums ist die Musik, der Glocken ihre ganz eigene Note geben (oben). Derweil fachsimpelt eine verschworene Männergesellschaft über die Viehpreise (links). Beliebtes Ausflugsziel ist das Gasthaus Aescher auf der Ebenalp. Dort befindet sich auch das berühmte Wildkirchli (rechte Seite Mitte). Großes Bild, rechte Seite oben und unten: Blick auf den Alpstein sowie Alp im Alpsteingebirge.

Appenzeller Land

Zum Dreiklang von Bergen, Fels und See hat im 18. Jahrhundert der Philologe Johann Jakob Bodmer das Säntisgebiet verklärt. Im Vordergrund schillert der Bodensee, in der Mitte steigt das Hügelland von Appenzell an und im Hintergrund thront der Fels, das Alpsteinmassiv mit dem Säntis. Mit dieser Formel löste Bodmer eine Appenzell-Begeisterung aus, die bis heute anhält. Deswegen ist auf den bekanntesten Erhebungen, auf denen die Besucher nicht selten ein Berggasthof erwartet, oft viel los. Der 2502 Meter hohe Säntis lässt sich mit einer Seilbahn erreichen. Von der Aussichtsplattform schweift der Blick hinunter zum Bodensee und hinauf zum Bergpanorama der Hochalpen im Süden. Während im katholischen Innerrhoden die Landwirtschaft tonangebend ist, hat der reformierte Halbkanton Ausserrhoden dank seiner Industrie ein moderneres Erscheinungsbild.

Idyllisch an einer Flussschleife des jungen Doubs angelegt, gehört Saint-Ursanne (großes Bild) zu den ältesten Ortschaften im Jura. Dort lag bereits im 7. Jahrhundert die Klause des irischen Wandermönchs Usicinus. Architektonisch hat sich das Städtchen mit der alten Doubs-Brücke seit dem 19. Jahrhundert kaum verändert. Unten links: Blick auf die Weinbaugemeinde Auvernier am Neuenburger See.

DER WESTEN

Verglichen mit dem quirligen Basler Dreiländereck wirkt der angrenzende Jura wild, urtümlich und bisweilen menschenleer. Ausgedehnte Wälder an der Grenze zur französischen Franche-Comté passen gut zur Atmosphäre der Stille und Weltabgeschiedenheit. An den Ufern der Westschweizer Seen hingegen verläuft das Leben anscheinend mit einer größeren Lässigkeit. Wie bei den französischen Nachbarn schätzt man auch hier einen guten Tropfen und betrachtet die Gastronomie als ernsthafte Angelegenheit.

Im Kern geht das Stadtmuseum von Pruntrut (Porrentruy), das Ancien Hôpital, auf das 15. Jahrhundert zurück, später wurde es im Barockstil ergänzt und erweitert (oben). In Saint-Ursanne dominiert die romanisch-gotische Abteikirche aus dem 12. bis 14. Jahrhundert, eine Pfeilerbasilika (großes Bild) mit Kreuzgang und einem meisterhaft gestalteten Südportal, das Zentrum, wo kein modernes Bauwerk die harmonische Geschlossenheit beeinträchtigt. Rechte Seite oben und unten: Blick in die Krypta und die Marienkapelle der Abteikirche.

Porrentruy, Saint-Ursanne

Im Spätmittelalter heftig umkämpft, war das jurassische Städtchen Porrentruy (Pruntrut) während zahlreicher Kriegszüge verheert worden. Die Erbauer des Stadtschlosses, in dem zur Zeit der Glaubensspaltung der Basler Fürstbischof Zuflucht nahm, haben alles getan, damit sich auch die hartnäckigsten Belagerer an dieser Festung die Zähne ausbeißen mussten. Saint-Ursanne hingegen überstand alle Stürme der Zeit nahezu unbeschadet. Idyllisch an einer Flussschleife des jungen Doubs erbaut, zählt es zu den ältesten Orten im Jura und geht zurück auf den irischen Wandermönch Ursicinus. Im Zentrum des Orts erhebt sich die Abteikirche mit Kreuzgang und Südportal im Stil der burgundischen Romanik. Es gibt in der Westschweiz nur wenige Orte, die auf so engem Raum eine größere architektonische Vielfalt aufweisen.

Der Westen | Schweiz 41

Von den Herzögen von Savoyen gebaut und immer noch stattlich: Das Schloss von Estavayer-le-Lac ist Wahrzeichen der Seegemeinde (großes Bild). Weitgehend aus dem 16. Jahrhundert stammt die Residenz der Grafen von Neuenburg/Neuchâtel (oben). Nach ihrem Aussterben kam das preußische Königshaus, für das Neuenburg die südlichste Besitzung war, hier zum Zuge. Neuenburgs wohlhabende Bürger schwärmten für Wohnpaläste mit Gartenanlagen aus dem 18. Jahrhundert. Sehenswert ist auch der Kreuzgang der Neuenburger Kollegiatskirche (rechte Seite).

Neuchâtel, Estavayer-le Lac

Als Alexandre Dumas Père im 19. Jahrhundert Neuchâtel (Neuenburg) besuchte, war er spontan Feuer und Flamme. Begeistert sprach der französische Schriftsteller von »einer Stadt, wie in eine Tafel Butter geschnitzt«. Man kann ihm nur recht geben: Gelbe Hauterive-Steine dienten als Baumaterial für die Bürgerpaläste, die nicht selten großzügige Weingärten besaßen. Anfang des 18. Jahrhunderts gelangte die Grafschaft zu Preußen, blühte wirtschaftlich auf und verblieb bei der preußischen Krone offiziell bis 1858. Auf Veduten und Kupferstichen der romantischen Epoche erkennt man den einst unberechenbaren Fluss Seyon, der Alt-Neuenburg regelmäßig unter Wasser setzte. Er teilt den Kern seither in zwei Viertel. Schon in prähistorischer Zeit bewohnt war die Gegend um Estavayer-le-Lac. Der heutige Kurort erstreckt sich über dem Südufer des Neuenburger Sees.

Im Val de Travers erstreckt sich die wilde Areuse-Schlucht, die hier von einer alten Steinbrücke überspannt wird (links). Der Talkessel Creux du Van, der bis zu 1500 Metern abfällt, liegt in der Nähe des Val de Travers (großes Bild). Seine Entstehung geht auf die Jahrmillionen anhaltende Arbeit von Gletschern zurück. In dieser verlassenen Naturlandschaft wurde 1876 das erste Schweizer Naturreservat eingerichtet. Ein ideales Rückzugsgebiet finden Steinböcke im Creux du Van (oben) und im Val de Travers, die Pflanzenvielfalt ist groß.

Schweizer Jura

Von Basel aus führt der Weg in die sanfte Hügellandschaft des Jura, dessen Bevölkerung mit der größten Stadt der Nordwestschweiz eng verbunden ist. Der Jura, dessen schweizerischer Anteil sich vom Genfer See bis zum Gebirgszug Randen bei Schaffhausen erstreckt, fasziniert durch seine natürlichen Landschaften und seine Abgeschiedenheit und Stille. Das sollte aber nicht über die Tatsache hinwegtäuschen, dass seine Bewohner zeitweise eine weltweit führende Position in der Uhrenindustrie behaupteten. Und dass sie nach deren Niedergang mit Fleiß, Beharrungsvermögen und Erfindungsgeist einen Ausweg aus der Krise gefunden haben. Als eigenständiger Kanton trat der größte Teil des französischsprachigen und überwiegend katholischen Jura der Eidgenossenschaft 1979 bei. Zuvor gehörte das gesamte Gebiet zum Kanton Bern.

Oben die gotische Kathedrale, darunter das im Renaissancestil gestaltete Rathaus – das ist Freiburg/Fribourg (rechte Seite). Die Saane, über die sich in Freiburg eine Holzbrücke spannt, markiert die Sprachgrenze zwischen Deutsch und Französisch (großes Bild). Oben: Schloss von Greyerz/Gruyère mit Prunkraum und Murtener Schloss.

Fribourg, Murten, Gruyeres

Als Gründung der Herzöge von Zähringen besticht Fribourg (Freiburg) durch ein feines Architekturerbe vor allem aus der Gotik. Zudem besitzt die Stadt, in Unter- und Oberstadt eingeteilt, einen erhaltenen Mauerring mit 14 Wehrtürmen. Deutschsprachige und Frankophone lieferten sich hier jahrhundertelang einen Kampf um die Vorherrschaft. Heute sind zwei Drittel der städtischen Einwohnerschaft französischsprachig. Fribourg hat zwei Universitäten, eine für die Frankophonen und eine für die Deutschsprachigen. Murten (Morat) lockt mit einer kleinen, aber geschlossenen Altstadt. Vor der Festung erlitt Burgunderherzog Karl der Kühne 1476 seine entscheidende Niederlage gegen die Eidgenossen. Bekannt für seine Milchprodukte ist das Greyerzerland (Pays de Gruyère), zu dessen Attraktionen der zehn Quadratkilometer umfassende Stausee Lac de Gruyère zählt.

Von Schloss Erlach genießt man einen fantastischen Blick auf die St.-Peters-Insel im Bieler See (großes Bild). Auf das Eiland hatte sich der Aufklärungsphilosoph Jean-Jacques Rousseau einige Jahre lang zurückgezogen. Neben einer geschäftigen Neustadt besitzt Biel auch ein historisches Zentrum. Zu den schönsten mittelalterlichen Platzanlagen der Schweiz zählt der altstädtische Ring, dessen stattliche Zunfthäuser vom einstigen Wohlstand der Bürgerschaft zeugen. Die reformierte Stadtkirche ist dem heiligen Benedikt von Nursia geweiht (oben).

Bieler See

Am Südostrand des Jura erstreckt sich der knapp 40 Quadratkilometer große Bieler See, der mit dem Murtensee und dem Neuenburger See zu den drei großen Juraseen der Schweiz gehört. Er steht nicht nur bei Liebhabern von Schiffsrundfahrten hoch im Kurs. Rund um die Wasserfläche verlaufen mehrere Weinwanderwege. Unterwegs haben die Wanderer öfters die Möglichkeit, mit Blick auf den See die heimischen Gewächse zu degustieren. Auf dem Jurahöhenweg, der von Biel nach Twann führt, gelangt man ab und an durch Wälder und über Wiesen. Immer wieder fällt der Blick auf die unverwechselbaren Bauernhäuser der Region. Bedeutendster Uferort ist die Stadt Biel/Bienne. Da sich der See auf der Sprachgrenze zwischen Deutsch und Französisch befindet, haben auch die Ortschaften rund um den See zweisprachige Namen.

Nicht nur bei Käseliebhabern steht das Emmental hoch im Kurs. Sein Landschaftsbild zählt zu den helvetischen Postkartenidyllen (großes Bild). Charakteristische Walmdächer, Lauben und Schnitzarbeiten, Blumen auf den Balkonen und ein Vorgarten machen den Charme eines Emmentaler Anwesens aus (oben und rechte Seite). Schon immer genossen die Emmentaler den Ruf, zu den besten Käsern des Landes zu zählen. Es mag daher nicht erstaunen, dass sich viele Emmentaler Auswanderer mit dieser Kompetenz in der Ferne eine Existenz aufbauen konnten.

Emmental

Das liebliche Berg- und Hügelland mit seinen behäbig wirkenden Bauernhöfen, der weltbekannte Käse und die kraftvollen Gestalten, die der Schriftsteller Jeremias Gotthelf in seinen Büchern verewigt hat, könnten dazu verleiten, das Emmental zur Idylle zu verklären. Doch hier erneuert sich fortwährend eine an Traditionen und Ideen reiche Kultur. Beispielhaft dafür steht die Geschichte des Emmentalers. Der wurde zum Exportschlager, als im Königreich Preußen die Käsezölle pro Stück und nicht mehr pro Gewichtseinheit erhoben wurden. Emmentaler Käser ergriffen die Chance und stellten große Käselaibe für den Export her. Unverdrossen wird auch heute die schwierige Landwirtschaft in Steillagen weiter betrieben. Abseits des Tourismus lädt die Gegend mit ihren 170 Seitentälern und Hügelzügen zum Wandern und zur Einkehr in eines der Gasthäuser ein.

Oberhalb der Ortschaft Meiringen verbringen Sennen bis zu 100 Tage pro Jahr auf Almen und hüten die Viehbestände verschiedener Bauern. Sie verarbeiten die Milch an Ort und Stelle zu Käse. Zum Verzehr verführen die köstlichen Ergebnisse: reifender Alpkäse, Mutschli und – unverkennbar – Emmentaler Käse (alle Bilder).

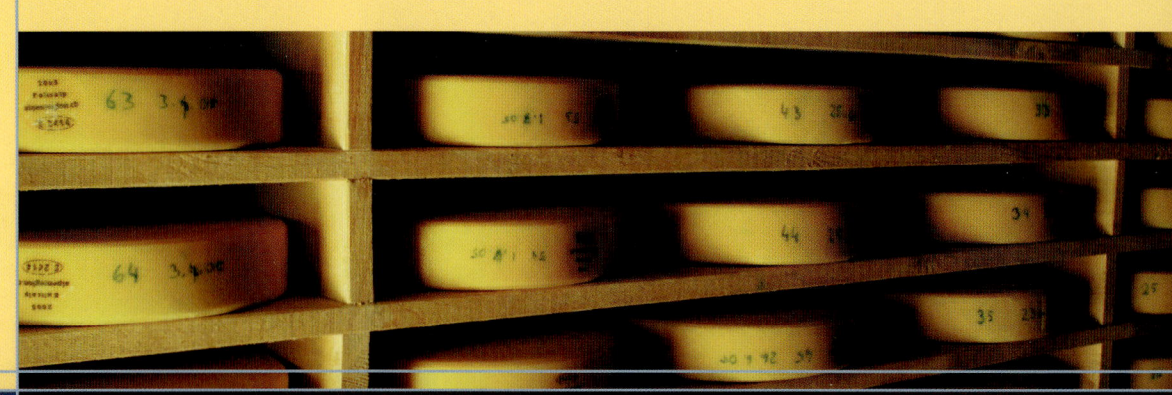

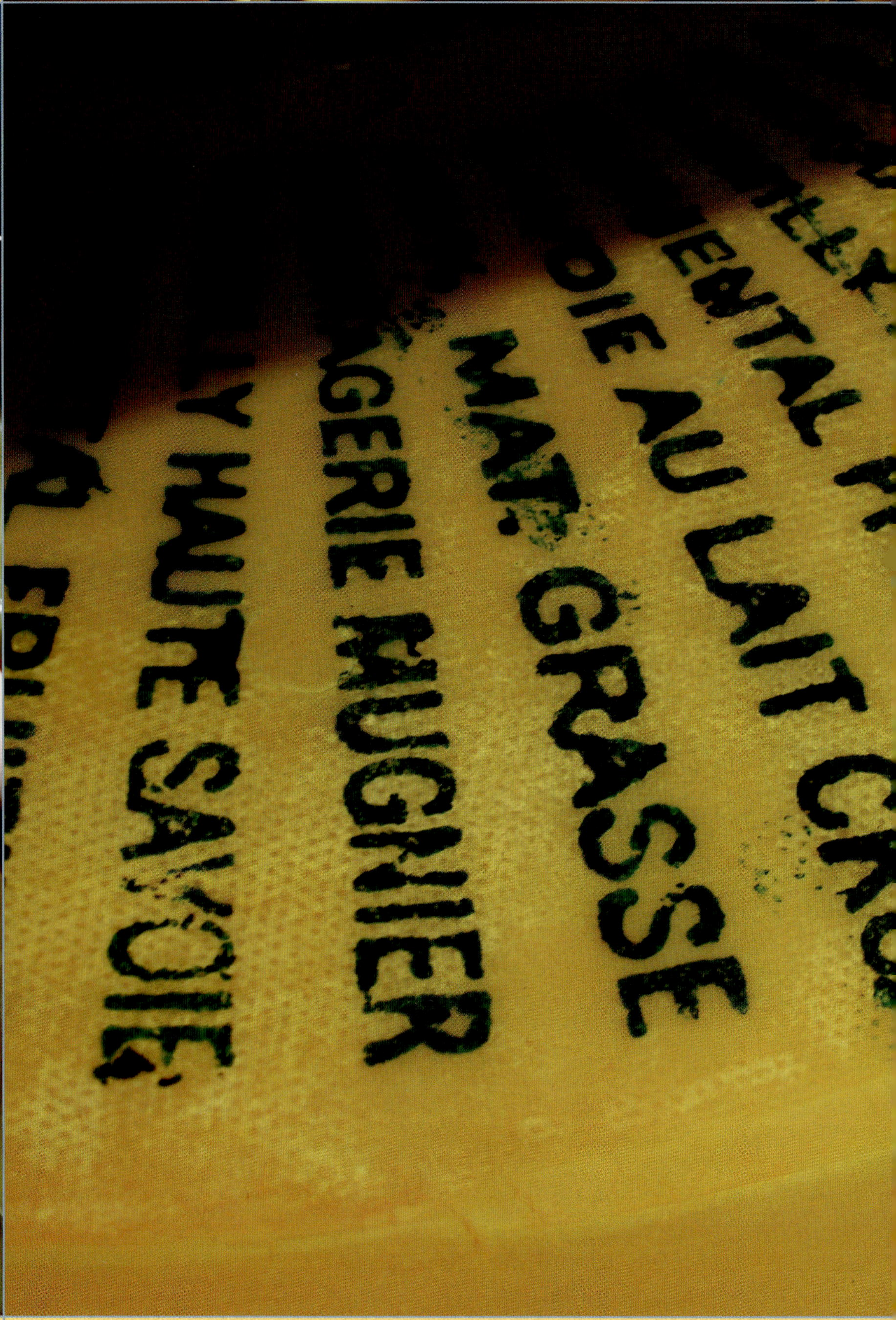

SCHWEIZER KÄSE – KÄSE SCHLIESST DEN MAGEN

Rund 80 Prozent der landwirtschaftlichen Nutzfläche der Schweiz wird vorwiegend mit Tierhaltung bewirtschaftet. Aus knapp der Hälfte der abgelieferten Milch wird Käse. Dessen Herstellung hat eine uralte Tradition. Ein typischer Extrahartkäse ist der Sbrinz, der erst nach mindestens 18 Monaten auf den Markt kommt. Bei den Hartkäsen liegen der Emmentaler und der Gruyère vorne. Typische Beispiele für Halbhartkäse sind Raclette Suisse, Walliser Raclette, Appenzeller, Tilsiter, Tête de Moine, Vacherin Fribourgeois, Bündner Bergkäse oder Mutschli. Sie werden entweder aus pasteurisierter Milch oder Rohmilch hergestellt und reifen in drei bis sechs Monaten. Weichkäse hingegen wird meistens aus pasteurisierter Milch gemacht. Mit einem Wassergehalt von etwa 50 Prozent reifen sie relativ schnell. Typische Vertreter sind Brie Suisse, Camembert Suisse oder Tomme. Schließlich produziert die Schweiz auch Frischkäse. Sie werden aus pasteurisierter Milch hergestellt und haben unterschiedliche Fettgehaltsstufen. Zu den bekanntesten Sorten gehören Quark, Hüttenkäse, Formaggini, Mozzarella und Petit Suisse. Ziegen- und Schafskäse gibt es als Weich- oder Schnittkäse. Dank ihrer intensiven und unverfälschten Aromen hat ihre Beliebtheit in den letzten Jahren deutlich zugenommen.

Bereits im Jahr 1979 hat die Schweiz die historische Region des Lavaux (großes Bild) unter Schutz gestellt, 2007 wurde sie auch als UNESCO-Weltkulturerbestätte ausgezeichnet. Typisch sind die in Terrassenform angelegten Weinberge, auf denen einige der bekanntesten Weine der Schweiz gedeihen. Laut Begründung der UNESCO zeichnet sich das Lavaux durch seine ausgereifte Ingenieurstechnik, Architektur und Landschaftsgestaltung aus. Montreux und sein Umland (oben) locken mit herrlicher Lage, mildem Klima und hochkarätigen Musikveranstaltungen.

Genfer See

»Gewöhnlich ist er glatt und blass, ins Graue spielend oder ins Silberweiße, aber manchmal, wenn die Brise weht, dunkelt er und kräuselt sich und wird plötzlich wie ein großer, blauer, frisch umbrochener Acker.« So beschreibt der Schriftsteller Charles Ferdinand Ramuz die sichelförmige Wasserfläche des Genfer Sees, die überragt wird von den Zacken der Dents du Midi und den majestätischen Savoyer Alpen, auf die bei Genf die Jurahügel folgen. Nach dem ungarischen Plattensee ist der Genfer See das zweitgrößte Gewässer Mitteleuropas und erfreut sich bei Wassersportlern großer Beliebtheit. Gespeist wird er vor allem durch die Rhone. An seinen Ufern wird seit Jahrhunderten intensiv Weinbau betrieben, heute ist die Waadt zweitgrößtes Anbaugebiet der Schweiz. Bei Lausanne bilden die Weinbergterrassen des Lavaux eine einzigartige Kulturlandschaft.

Die Kathedrale von Lausanne (großes Bild und oben) wird als bedeutendstes Bauwerk der Frühgotik auf Schweizer Boden eingestuft. Sie ist das einzige Schweizer Gotteshaus, das dem Vergleich mit den großen Kathedralen Europas standhält. Wahrscheinlich begann man mit dem Bau der Bischofskirche (rechte Seite: Blick in das Hauptschiff) um 1150. Über den Südeingang gelangt man in das Innere, dessen Glasfenster eine Meisterleistung des 19. Jahrhunderts sind. Das Portail peint (bemaltes Portal) zeigt eine Figurengruppe, die restauriert wurde.

Lausanne

Früher haben Reisende die malerisch auf drei Hügeln liegende Waadtländer Hauptstadt vorzugsweise als die »wahre Königin des Genfer Sees« besungen. Heute behauptet sich die kleinste der Schweizer Großstädte als dynamisches Geschäfts-, Kongress- und Bankenzentrum mit eher jugendlichem Flair. Seine kleine, sorgsam gepflegte Altstadt bietet im Sommer eine ideale Kulisse für Feste, bei denen es mittelalterlich zünftig zugeht. Lausanne besitzt eine renommierte Universität sowie eine lebendige Kulturszene, die besonders durch den verstorbenen Choreografen Maurice Béjart geprägt wurde. Außerdem befindet sich in der Stadt seit 1915 der Sitz des Internationalen Olympischen Komitees. Als Ausgangspunkt für Exkursionen in die nähere Umgebung ist Lausanne ideal. Inzwischen hat sich die Stadt nach Pariser Vorbild eine kleine Metro zugelegt.

Der Westen | **Schweiz**

Am oberen Abschnitt des Genfer Sees gelegen, ist Montreux für mondäne Hotels, sein Casino und das jährlich stattfindende Jazz Festival bekannt (oben von links: Taj Mahal, unbekannte Musiker auf einer Straßenbühne, Carlos Santana). Den Spuren des Aufklärungsphilosophen Rousseaus folgend, verliebte sich einst der Dichter Lord Byron in das Château de Chillon, das heute Möbel- und Waffensammlungen sowie ein Zinnkabinett beherbergt (großes Bild und rechte Seite). Die Festung diente ihm als Kulisse für die Verserzählung »Der Gefangene von Chillon«.

Montreux

Einst ein unbekanntes Fischernest, stieg Montreux seit Mitte des 19. Jahrhunderts rasch zu einem der beliebtesten Kurorte am Genfer See auf. Als das gesamte Gelände in Ufernähe verbaut war, opferte man einen Teil der Weinberge für die Errichtung neuer Hotels. »Maladie de la Pierre« (Krankheit der Steine) nannten die Einwohner damals diese unkontrollierten Wucherungen. Der atemberaubende Aufschwung übte auch eine starke Faszination auf die Zeitgenossen aus. So beschrieb der französische Geograf Elysée Reclus in seiner »Nouvelle Géographie Universelle«, wie die »Riviera«, wie der Seeabschnitt bei Montreux genannt wird, unter dem Einfluss der reichen Gäste aus Frankreich, Russland, England und den Vereinigten Staaten immer kosmopolitischere Züge annahm. Heute sind Montreux und die Nachbarstadt Vevey zusammengewachsen.

Am höchsten Punkt der Altstadt thront die Kathedrale Saint-Pierre, in der Jean Calvin als städtischer Reformator seine Predigten hielt (großes Bild). Die Gebäude renommierter Hotels und Kreditinstitute säumen die Quaistraßen am Bootshafen (oben). In den vergangenen Jahrzehnten wurde das historische Zentrum (Cité) restauriert und wartet heute mit zahlreichen Restaurants und Bistros auf. Dank seiner Buchantiquariate ist die Cité ein wahres Dorado für Bibliophile. Zu den bekanntesten Plätzen zählt dort die Place du Bourg de Four (rechte Seite von oben).

Genf

»Genf ist die erste und reichste Stadt der Schweiz mit dem Charakter einer echten Großstadt.« So beschrieb der deutsche Pädagoge und Schriftsteller August Wilhelm Grube die Calvinstadt in seinem Geografiebuch von 1868. Schon damals zeichnete sich Genf durch eine ungewöhnliche Offenheit gegenüber dem Rest der Welt aus. Heute ist Genf das kulturelle und wirtschaftliche Zentrum der Westschweiz, in dem 200 internationale Organisationen tätig sind. Dennoch hat die Cité, wie das historische Zentrum genannt wird, viel von ihrer Ursprünglichkeit bewahrt. Das Symbol der Stadt ist der 140 Meter hohe Jet d'Eau, die Wasserfontäne im Bootshafen. Trotz seiner überraschenden landschaftlichen Reize weitgehend unbekannt ist das Genfer Hinterland, nach dem Wallis und der Waadt drittgrößtes Weinanbaugebiet der Schweiz.

Die renommierte Uhrenmanufaktur Patek Philippe verfügt in Genf über ein eigenes Uhrenmuseum. Chronometer aus mehreren Jahrhunderten, oftmals fantasievoll verziert, zählen zu den wertvollsten Exponaten (großes Bild, oben, links oben, rechte Seite unten). Nach dem Zusammenbruch der Uhrenindustrie profilierten sich in den vergangenen Jahren einige Hersteller von Luxuschronometern. In der Werkstätte des Uhrmachers Lionel Meylan in Vevey werden alte Chronometer fachgerecht und sorgfältig wieder in Gang gesetzt. (rechte Seite oben).

62 Schweiz | Der Westen

PRÄZISION UND ELEGANZ: SCHWEIZER UHREN

In der architektonisch außergewöhnlichen Jurastadt La Chaux-de-Fonds hatte die Entwicklung des Uhrmacherhandwerks schon früh begonnen. Es ist nur folgerichtig, dass genau dort das umfangreichste Zeitmessermuseum gegründet wurde. Zu den wertvollsten Ausstellungsstücken im Musée de l'Horlogerie zählen Meisterwerke von der Renaissance bis zum 21. Jahrhundert. Bereits im Jahr 1902 hatte man mit Sammlerobjekten im Besitz der damaligen Uhrmacherschule ein kleines Museum eröffnet. Die Sammlungen wuchsen bis heute beständig an. Tragender Bestandteil des Ausstellungskonzepts bilden Sonderpräsentationen, die im zwei- bis dreijährigen Turnus stattfinden. Die ausgestellten Preziosen werden dabei in einen größeren geschichtlichen und philosophischen Kontext gestellt. Auf diese Weise wird ein spätmittelalterliches geozentrisches Astrarium, womit sich die Bewegung von Satelliten darstellen lässt, einem heliozentrischen Planetarium nach dem Weltbild des Kopernikus gegenübergestellt. Den didaktischen Ansprüchen des Museums entspricht ferner die Forschungsstelle »L'Homme et le Temps«, die ihre Ergebnisse regelmäßig publiziert. Und in einer eigenen Uhrmacherwerkstatt beschäftigt man sich mit dem Erhalt historischer Zeitmesser und baut Modelle nach alten Plänen nach.

Im Herzen der rauen Bergwelt bei Grindelwald im Berner Oberland liegt der Bachalpsee verborgen (großes Bild). Kein Gebäude besitzt in der Schweiz eine stärkere Symbolkraft als das im 19. Jahrhundert errichtete Bundeshaus in Bern, wie der Parlamentskomplex hoch über der Aare genannt wird. Es steht für eine ungewöhnlich lange Periode friedlicher und stabiler Entwicklung der Eidgenossenschaft (oben).

DIE MITTE

Über das Berner Oberland und Teile der Innerschweiz erstrecken sich einige der außergewöhnlichsten Gebirgslandschaften Europas. Sie bilden das Herzstück der Schweiz, ihre Mitte. Viele Landschafts- und Städtenamen sind weit über die Grenzen des Landes hinweg bekannt. So genügt schon die Nennung des Vierwaldstätter Sees, um den Gründungsmythos in Erinnerung zu rufen. Nicht weniger legendenumrankt sind Uri, Schwyz und Nidwalden, deren Obrigkeiten sich im Mittelalter auf ein erstes Bündnis verständigten.

Weil im historischen Zentrum von Bern die für Zähringer-Gründungen typische Straßenanlage weitgehend erhalten ist, nahm die UNESCO die Altstadt auf die Welterbeliste. Die Oberstadt beherrscht das Münster St. Vinzenz, im Hintergrund sieht man die Kuppel des im 19. Jahrhundert errichteten Bundeshauses, Sitz des Parlaments. Das mittlere Westportal von St. Vinzenz beeindruckt vor allem durch seine Skulpturengruppen (großes Bild). Oben: Kreuzgewölbe und Glasfenster im Hauptschiff, dessen Bau Matthäus Ensinger aus Ulm begonnen hatte.

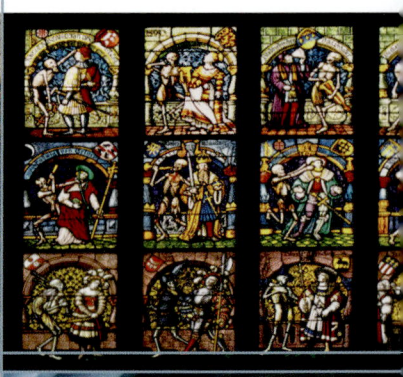

Bern

Am Gerechtigkeitsbrunnen lässt Justitia ihre Waagschalen über den Häuptern der mächtigsten Herrscher des Mittelalters schweben: Papst, Kaiser, Sultan und der Herr Bürgermeister von Bern. Der bunte Figurenschmuck legt den Schluss nahe, dass falsche Bescheidenheit nie zu den Charaktereigenschaften der selbstbewussten Bürgerschaft gehörte. Seit 1848 als »Bundesstadt« Sitz der Bundesbehörden, stand Bern im 16. Jahrhundert im Zenit seiner Macht. Berns »Gnädige Herren«, wie sich die Angehörigen der Regierung nannten, herrschten über das größte eidgenössische Gebiet nördlich der Alpen, getreu dem Motto: »Die Welt vergeht, Bern besteht.« An diese glanzvolle Epoche erinnert die über der Aare erbaute Altstadt, die Goethe einst voller Begeisterung »die sauberste und schönste Stadt der Schweiz« genannt hat.

Die Mitte | Schweiz

Wuchtig und gedrungen erhebt sich der aus Resten der Stadtmauer erbaute Zytgloggeturm, dessen Spieluhr an der Ostseite den Passanten anzeigt, was die Stunde schlägt (großes Bild). Gleichfalls an die Stadtmauer erinnert der Käfigturm, der stilistische Formen der Renaissance und des italienischen Manierismus vereint (rechte Seite). Expressive Figuren zieren die insgesamt elf Altstadtbrunnen aus der Zeit nach der Reformation (oben).

Bern

Typisch für die Patriziergebäude von Alt-Bern sind die insgesamt sechs Kilometer langen Arkaden (Lauben). Sie dienten einst als überdachte Arbeitsstätten für Händler und Handwerker. Die zahlreichen Gewölbekeller werden heute als Geschäfte, Restaurants und Theater genutzt. Zu den elegantesten Werken der burgundischen Spätgotik zählt das Rathaus, dessen Außentreppe und Wappenschmuck originalgetreu wiederhergestellt wurden.

Aber nicht nur das Mittelalter ist in Bern allgegenwärtig. Auch an die moderne Kunst hat Bern Anschluss gefunden. Anspruchsvolle Ausstellungen zu Künstlern wie Giacometti, Moore, Johns oder Nauman zeigt die Kunsthalle Bern. Zu den größten Besuchermagneten zählt das Zentrum Paul Klee. Es verfügt mit 4000 Werken über die weltweit bedeutendste Sammlung von Gemälden, Aquarellen und Zeichnungen des Künstlers.

Schloss Oberhofen am Thuner See (großes Bild) ist heute Sitz einer Außenstelle des Historischen Museums Bern. Es befand sich einst im Besitz von Walter IV. von Eschenbach, der 1308 zusammen mit weiteren Verschwörern König Albrecht I. von Habsburg umbrachte. Der Bergfried stammt noch aus dem 12. Jahrhundert, Palas mit Kapelle aus dem 15. Jahrhundert. In der Nähe des Brienzer Sees (oben) befindet sich das einzigartige Freilichtmuseum Ballenberg, dessen historische Holzgebäude aus den verschiedensten Landesteilen stammen.

Thuner See, Interlaken, Brienzer See

»Tor zum Berner Oberland« nennt sich die alte Brückenstadt Thun am Ausfluss der Aare aus dem Thuner See. Tatsächlich ist die drittgrößte Stadt im Kanton Bern wirtschaftliches und kulturelles Zentrum der Region. Über der spätmittelalterlichen Altstadt thront das Schloss mit seinem romanischen Wohnturm. Die Stadtkirche aus dem 14. Jahrhundert, mehrere mittelalterliche »Sässhäuser« und der gewaltige Bergfried bilden ein gelungenes Ensemble. Interlaken, heute touristisches Zentrum der Gegend, war schon im 18. Jahrhundert ein beliebtes Ziel. Heute ist die Stadt ideale Basis für Ausflüge in das Hochgebirge. Brienz schließlich, das als Holzschnitzerdorf bekannt wurde, ist nicht zuletzt dank des gleichnamigen Sees eine beliebte Sommerfrische. Die meisten Häuser der Brunngasse mit ihren Holzschnitzereien stammen aus dem 18. Jahrhundert.

Unweit der Ortschaft Meiringen im Berner Oberland donnern die Wasser der Reichenbachfälle in die Tiefe (rechte Seite). In der Nähe des Meientals, das sich von Wassen aus in Richtung Sustenpass entlang der Meienreuss hinaufzieht, bietet sich dem Wanderer ein spektakulärer Ausblick auf die Fünffingerstöck (großes Bild). Als beliebter Ausgangspunkt für Gletscherwanderungen am Sustenpass gilt das Hotel Steingletscher. Bei Skifahrern beliebt sind Abfahrten über den weitläufigen Steingletscher (oben) mit seinen über 1300 Metern Höhenunterschied.

Meiringen, Susten

Wie armselig die Menschen vor rund 150 Jahren in den Berner Berggemeinden dahinvegetierten, kann man sich heute kaum vorstellen. In den Küchen der Gemeinde Meiringen etwa wurden oft nur Nesseln, Kräuter und Gräser gekocht und gegessen. Ein neuer Industriezweig, der im Oberhasli und auch in Meiringen später bescheidenen Wohlstand brachte, war die Seidenweberei. Zuvor zogen viele junge Männer den Dienst in einer Armee in der Fremde der ärmlichen Existenz zu Hause vor. Der Sustenpass verbindet das Reusstal am Fuß des Gotthards mit dem Haslital im Berner Oberland und Wassen im Kanton Uri mit Innertkirchen, das im Kanton Bern liegt. Die spektakuläre Sustenstraße, erst 1945 eröffnet, dient vorwiegend dem Tourismus. Die Route beginnt in Wassen an der Gotthard-Achse, wo sie die Mündungsschlucht der Meienreuss in einigen Tunnels überspannt.

Vor allem bei schwindelfreien Mountainbikern stehen Exkursionen rund um den Grimselpass hoch im Kurs (oben). Wer sich mit seinem Fahrzeug auf der alten Grimselpassstraße (unten) in die Höhe schraubt, lernt eine neue und oft fremdartige Welt kennen. Auf 2165 Meter Meereshöhe liegt die Grimselpasshöhe, dort verläuft die europäische Wasserscheide zwischen Mittelmeer und Nordsee. Schon im Altertum wurde der Pass von römischen und keltischen Berggängern überquert. Die moderne Hochalpenstraße stammt aus dem 19. Jahrhundert.

AUF PASSSTRASSEN IN NEUE WELTEN

Über 100 Passstraßen verlaufen durch das Hochgebirge auf Schweizer Territorium. Dank Tunnels müssen viele dieser alten und oft beschwerlichen Verkehrsverbindungen heute nicht mehr benützt werden. Wer sich dennoch für die Passstraßen entscheidet, lernt neue und unbekannte Welten kennen. Der Weg zum Grossen-St.-Bernhard-Pass führt vorbei am Alpengarten in Bourg-St.-Pierre, einem kleinen Bergdorf. Auf dem höchsten Punkt dreht sich alles um die Bernhardiner, die im Kloster seit Menschengedenken von den Mönchen gezüchtet werden. Wenn es zwischen Oktober und Mai schneit, ist die Straße geschlossen. Das St.-Bernhard-Hospiz, in dem seit Jahrhunderten Wanderer eine Bleibe für die Nacht finden, nimmt nur Durchreisende ohne Autos auf. Die anderen müssen im gegenüberliegenden Hotel absteigen. Im östlichen Teil der Walliser Alpen verläuft auf 2000 Meter Höhe der Simplonpass. Das dortige Hospiz bietet ebenfalls Ruhelager an. Bei Ulrichen im Berner Oberland schließlich treffen drei Pässe zusammen, der Nufenenpass und direkt unter dem Rhonegletscher Furka- und Grimselpass. Und dann ist das Grimsel-Hospiz ein Geheimtipp für Weinkenner; unter dem Gastronomen Christoph Lanz entstand hier einer der am besten ausgestatteten Weinkeller der Schweiz.

Die Mitte | Schweiz

Zu den eindruckvollsten Landschaftsbildern im Berner Oberland zählt die Gegend um das Schreckhorn (großes Bild). Der Gauligletscher erstreckt sich in den östlichen Berner Alpen auf einer Länge von etwa sechs Kilometern (oben). Weitere imposante Gebirgspanoramen bieten (Bildleiste unten von links): die Bussalp mit Schreckhorn und Finsteraarhorn, der Zinggenstock mit dem künstlichen Grimselsee nahe dem Grimselpass sowie der 4,5 Kilometer lange und eine Fläche von sechs Quadratkilometern bedeckende Rosenlauigletscher mit Gross und Klein Wellhorn.

Berner Oberland

Das Berner Oberland umfasst die höher gelegenen Teile des gleichnamigen Kantons und hat wesentlichen Anteil an einer der großartigsten Gebirgslandschaften Europas. Dort erstreckt sich eine Welt von Viertausendern, abgeschiedenen Bergtälern und kleinen Ortschaften, die erst durch den Tourismus ins Licht der Öffentlichkeit gerückt sind. Aber es sind nicht nur die landschaftlichen Reize, die diese Gegend auszeichnen. Das Oberland ist eine vielfältige, über Jahrhunderte gewachsene alpine Kulturlandschaft, die oft naturnah erhalten ist und die Grundlage für zahlreiche sportliche Aktivitäten bildet. Als Tourismusregion par excellence genießt das Oberland Weltruhm. Tausende von Gästen reisen alljährlich in die von etwa 200 000 Menschen bewohnte Region, die sich mittlerweile in einen dynamischen Wirtschaftsraum verwandelt hat.

Im Sommer verbringen die Viehherden mehrere Monate auf den Almen – hier vor dem Panorama der Fiescherhörner und des Eigers nahe Grindelwald (oben rechts). Ein beliebtes Ausflugsziel ist der Berggasthof Kleine Scheidegg auf der gleichnamigen Passhöhe (rechte Seite Mitte und oben). Von dort aus verkehrt die Wengernalpbahn bis nach Grindelwald (großes Bild, rechte Seite unten). Oben links: blumengeschmücktes Chalet vor der Kulisse des Wetterhorns.

Grindelwald, Wengen, Kleine Scheidegg

Grindelwald zählt zu den wenigen Fremdenverkehrsorten, die auch in Zeiten des größten Andrangs ihren besonderen Charme, eine Mischung aus mondäner Luxuswelt und Bergbauerndorf, zu bewahren wissen. Südlich davon prägen Eiger, Schreckhorn und Wetterhorn das Landschaftsbild, dazwischen drängen sich der obere und der untere Grindelwaldgletscher in engen Schluchten. Am besten erreicht man das Dorf mit dem Zug vom Alpenbahnhof Kleine Scheidegg aus. Der 2061 Meter hoch gelegene Bahnhof liegt nahe der Eigernordwand. Wengen, am Fuß von Eiger, Mönch und Jungfrau hoch über dem Lauterbrunnental erbaut, beteiligt sich ebenfalls am Tourismusverbund Jungfrauregion, zu dem auch das UNESCO-Weltnaturerbe Jungfrau-Aletsch-Bietschhorn gehört. Am besten nimmt man für die Reise nach Wengen die Wengernalpbahn von Lauterbrunnen aus.

Die Mitte | Schweiz

An kristallklarem Wasser herrscht rund um Lauterbrunnen wahrlich kein Mangel. Neben kleineren Wasserfällen (rechte Seite unten) ziehen spektakuläre Katarakte wie die Staubbachfälle die Aufmerksamkeit auf sich, die über senkrechte Wände in die Tiefe rauschen (rechte Seite oben). Nicht weniger beeindruckend sind die Trümmelbachfälle, Ziel vieler Wanderer. Sie haben schon Goethe und Mendelssohn fasziniert (oben). Beim Anblick der Hochgebirgslandschaft um Lauterbrunnen fühlt man sich in eine fremde Welt versetzt (großes Bild).

Mürren, Lauterbrunnen

Senkrecht aufsteigende Felswände, über die Wasserfälle in die Tiefe donnern, säumen das Lauterbrunnental. An den Trümmelbachfällen rauschen die Gletscherwasser von Eiger, Mönch und Jungfrau zu Tal. Auch hier gilt wie für die meisten Sehenswürdigkeiten der Jungfrauregion: Der Zugang ist so zurechtgemacht, dass auch vollständig Ungeübte problemlos hingelangen. Durch die Ortschaft Lauterbrunnen strömt die Weisse Lütschine, die etwa einmal im Jahr über die Ufer tritt. Dass Mürren seit dem Mittelalter von Walsern, einer alemannischen Volksgruppe, erbaut wurde, erkennt man noch an der Hausbauweise und der Färbung der Mürrner Mundart. Mürren ist die höchste ganzjährig bewohnte Dorfsiedelung im Kanton Bern und liegt auf einer 1650 Meter hohen Terrasse über dem Lauterbrunnental. Der Ort ist ein beliebter Ausgangspunkt für Wanderungen und Ausflüge.

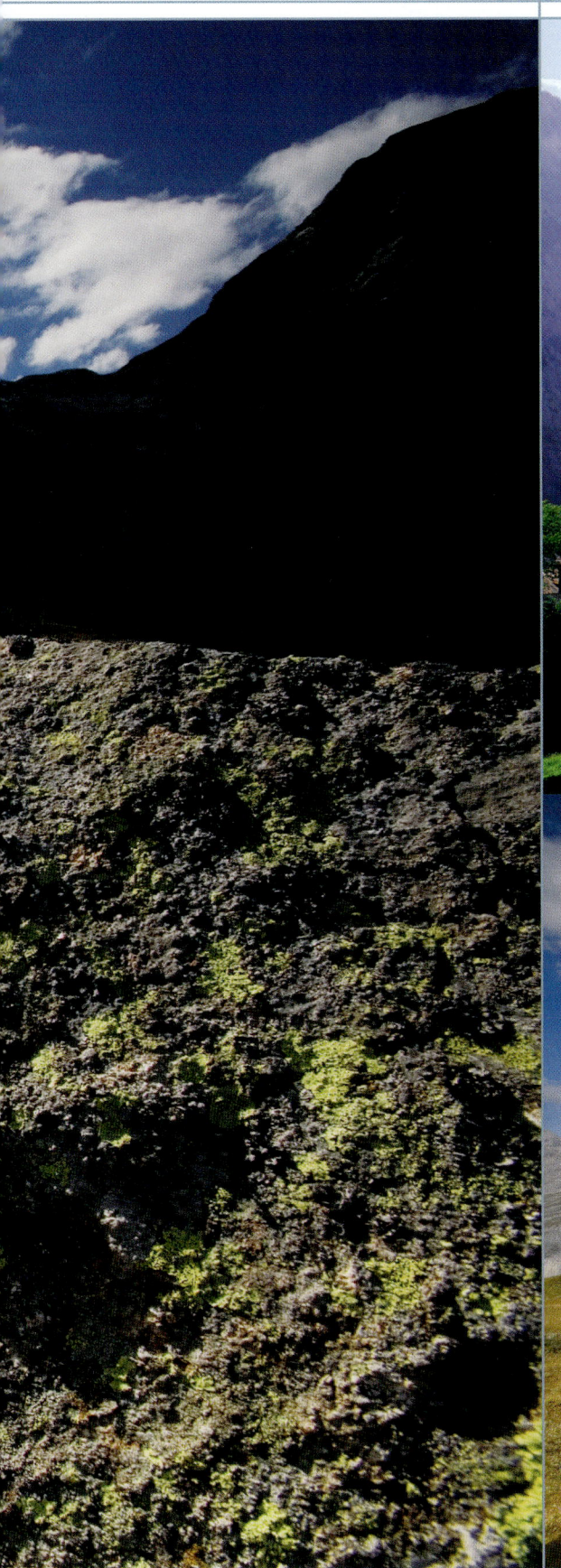

Seit jeher fasziniert der Eiger die Menschen (großes Bild und unten rechts). Beeindruckend erscheint das Dreigestirn Eiger, Mönch und Jungfrau im Mondlicht oder mit Spiegelbild im See (oben). Ein Hubschrauberrundflug ist ein unvergessliches Erlebnis (unten links).

Eiger, Mönch, Jungfrau

Die nach den drei gewaltigsten Erhebungen Eiger, Mönch, Jungfrau benannte Gegend ist mit ihren zahllosen Schneefeldern die Wiege des Großen Aletschgletschers. Zu Eis erstarrte Schneemassen fließen am Konkordia-Platz zusammen und modellieren aus ihren Seitenmoränen die berühmten zwei Mittelstreifen auf dem Gletscher. Als erstes Weltnaturerbe im gesamten Alpengebiet zeichnet sich diese Stätte durch einen außergewöhnlichen Tier- und Pflanzenreichtum aus. Wohl nirgends kommt man schneller und einfacher auf Tuchfühlung mit dem Hochgebirge wie in diesem Abschnitt. Von Interlaken aus lässt sich das 3454 Meter hohe Jungfraujoch bei einer der spektakulärsten Eisenbahnfahrten in nur zweieinhalb Stunden erreichen. Der Besucher wird seine Eindrücke beim Blick aufs Eismeer in der Eigernordwand nicht so schnell wieder vergessen.

Ein Wanderer lässt seinen Blick über den Oeschinensee und die Bergwelt bei Kandersteg schweifen (großes Bild). Oberhalb der Ortschaft Adelboden ragen die Gipfel des Berner Oberlandes auf. Bei Adelboden/Lenk erstreckt sich eines der größten Skireviere der Schweiz mit rund 170 Kilometer Pisten, 15 Kilometer Loipen und drei Rodelbahnen (oben). Jeder Berg in der Gemeinde Kandersteg hat eine bestimmte Anzahl von »Kuhrechten«, die unter den Bauern so aufgeteilt sind, dass die Herden gut über den Sommer kommen (rechte Seite).

Kandersteg, Adelboden

Zu den attraktivsten Orten des Frutiglandes zählt fraglos Adelboden. Ausländische Gäste sind hier deutlich in der Minderheit. Die Schweizer stellen traditionell rund zwei Drittel der Touristen in dem hübschen Holzhäuserdorf. Das mit 1200 Einwohnern kleinere Kandersteg bewahrt deutlich mehr von seiner Ursprünglichkeit. Wie die Kandersteger versichern, liegt dies auch am sehr aktiven Vereinsleben im Dorf. Kandersteg darf für sich in Anspruch nehmen, dass hier der Alpentourismus seinen eigentlichen Anfang genommen hat. Nach einer Wanderung vom Gemmipass nach Kandersteg rühmte Albrecht von Haller, der Schöpfer des Gedichtes »Die Alpen«, begeistert die Schönheit der Berge und der einfachen Talleute, die beim Einbringen der Heuernte jodelten und scherzten. Das wild zerrissene Bergmassiv der Lohnergruppe trennt die beiden Orte voneinander.

Innen gemütlich, außen prächtig: Weil die Simmentaler Bauern ordentlich Kasse machten, konnten sie sich zur Freude der Nachgeborenen eine aufwendige Verzierung ihrer Häuser leisten (großes Bild, rechte Seite). An der Herstellung von Alpkäse maßgeblich beteiligt sind diese Bewohner der Alp Hintere Wallig (oben).

Simmental, Gstaad

Tourismus hat im Simmental noch etwas von seiner alpinen Ursprünglichkeit bewahrt. Es erstreckt sich vom Thuner See bis nach Lenk und weiter zum Wildstrubel. Das breite, liebliche Tal ist bis heute geprägt von Milchwirtschaft und Viehzucht, die hier schon seit Langem einen beachtlichen Wohlstand sichern. Davon zeugen die üppig geschnitzten und bemalten Häuser. Das rot-weiß-gescheckte Simmentaler Vieh und die saftigen Weiden machen die Gegend zum Inbegriff eines typischen Berner Bauernlandes. Gstaad hingegen sonnt sich im Ruf, der arrivierteste Nobelkurort in diesem Teil der Schweizer Alpen zu sein. Es gibt mehrere Luxushotels, darunter das »Palace«, Wahrzeichen des Orts. Im autofreien Dorfkern dominieren teure Geschäfte, und manche der weniger betuchten Besucher kommen nur, um einen Hauch dieses Flairs zu erheischen.

Die Mitte | Schweiz 87

Die hölzerne Kapellbrücke mit dem Wasserturm (großes Bild) ist das Wahrzeichen von Luzern am Vierwaldstättersee (oben). Zahlreiche Gemälde schmücken den überdachten Brückendurchgang (unten rechts). In prächtigem Barock präsentiert sich die Jesuitenkirche (unten links).

Luzern

Luzern war und ist unbestritten eine Weltstadt des Tourismus. Dank des aufkommenden Alpinismus entwickelte sich Luzern zu einem der ersten Zentren des internationalen Fremdenverkehrs. Von hier aus starteten die ersten Alpinisten aus England ihre Expeditionen. Mit der Kapellbrücke, den Raddampfern und dem Alpenpanorama im Hintergrund erfüllt die Stadt alle Ansprüche an eine Postkartenidylle. In besonderem Maße hat Luzern seinen mittelalterlichen Stadtkern erhalten. Aber auch den Anschluss an die Moderne hat die Stadt am Vierwaldstätter See gefunden: Am Bahnhofsplatz ziehen die Bahnhofshalle des spanischen Architekten Santiago Calatrava und das Hauptportal des 1971 abgebrannten alten Bahnhofs die Blicke auf sich. Ebenfalls zentral gelegen, begründet das Kultur- und Kongresszentrum KKL den Ruf der Stadt im kulturellen Bereich.

Die einzelnen Abschnitte des Vierwaldstättersees tragen separate Namen. Im Abendlicht schimmert hier der Luzerner See, im Hintergrund die Umrisse des Pilatus (großes Bild). Stellenweise erinnert der Urner See im südöstlichen Teil an die herbe Schönheit skandinavischer Fjorde (unten links). Die erhabene Landschaft des Vierwaldstätter Sees lockt auch Gleitschirmflieger an – hier etwa über der Ortschaft Vitznau (oben links). Ein Beleg für den frühen Tourismus ist diese aus dem Jahr 1895 stammende Werbung für die Pilatus-Bahn (oben rechts).

Vierwaldstätter See, Rigi, Pilatus

Ob der Vierwaldstätter See nun der schönste ist in diesem an Seen so reichen Land, bleibt Geschmackssache. Gewiss aber bietet kein Schweizer See eine so vielfältige Szenerie wie die vom Reussgletscher geformte fünftgrößte Wasserfläche des Landes. Das Klima ist mild und gleicht dem an den Tessiner Seen. Dazu kommt eine legendenreiche Geschichte, die mit der Tell-Sage und Schillers berühmtem Drama weit über die Landesgrenzen hinaus bekannt wurde. Auf der Rütliwiese soll die alte Eidgenossenschaft mit dem Rütlischwur begründet worden sei. Die Stätte, die erhaben über dem See liegt, könnte schöner nicht gewählt sein. Die Touristen entdeckten den See erst richtig, als die ersten Dampfschiffe auf dem Gewässer kreuzten. Ausflugsberge wie die Rigi oder der Pilatus wurden damals mit Bahnprojekten erschlossen, erste Luxushotels entstanden.

Seit Friedrich Schillers Drama »Wilhelm Tell« von 1804 meint man die Namen der drei am Rütlischwur beteiligten Eidgenossen zu kennen: Es sind dies Werner Stauffacher aus Schwyz, Walter Fürst aus dem Kanton Uri und Arnold von Melchtal aus Nidwalden. Diese Illustration der Szene stammt aus dem 19. Jahrhundert (großes Bild). Oben: die berühmte Hohle Gasse bei Küssnacht, in der Wilhelm Tell den habsburgischen Landvogt Gessler erschossen haben soll, und das Tell-Denkmal in Altdorf; rechte Seite: frühneuzeitliches Porträt des Nationalhelden.

92 Schweiz | Die Mitte

WILHELM TELL – SAGENHAFTER FREIHEITSHELD

Noch bis Ende des 19. Jahrhunderts interpretierte die Schweizer Geschichtswissenschaft den Rütlischwur als den grundlegenden Bund der Alten Eidgenossenschaft schlechthin. Er wurde auf das Jahr 1307 datiert, damals fanden nach allgemeiner Ansicht auch der in einer populären Sage überlieferte Apfelschuss des Freiheitshelden Wilhelm Tell und der Mord am Landvogt Gessler statt. Letztlich hat sich bei der Bevölkerung überwiegend diese Variante durchgesetzt, obwohl sie sich am wenigsten mit der historischen Wahrheit deckt. Bundesbrief, Rütlischwur und die Taten des Wilhelm Tell wurden in einen direkten Zusammenhang gestellt, dafür legte man als Datum den 1. August 1291 fest. Ob und wann der Recke gelebt hat und was sich in der Geschichte mit dem Vogt tatsächlich zugetragen hat, ist vermutlich aus zeitgenössischer Sicht nicht besonders wichtig. Auf jeden Fall befindet sich sein Konterfei nach wie vor auf der Rückseite des Fünf-Franken-Stücks. Und sein mutmaßliches Wohnhaus steht noch heute in Bürglen (Uri). Gemäß einer Umfrage aus dem Jahr 2004 glaubt eine Mehrheit der Schweizer Bevölkerung, dass der Nationalheld wirklich gelebt hat. Der politische Wille der Schweiz, so konstatiert der Schriftsteller Peter von Matt, habe Wilhelm Tell am Leben erhalten.

Kurz vor der Einfahrt in Andermatt überquert dieser Pendelzug ein Aquädukt (oben). Saftig grüne Bergwiesen und felsige Bergflanken bestimmen das Erscheinungsbild der Glarner Berge (großes Bild). Durch das Martinsloch bei Elm unterhalb der Tschingelhörner scheint die tief stehende Sonne (unten links). Das Areal ist Bestandteil der UNESCO-Weltnaturerbestätte »Tektonikarena Sardona«. Dort lässt sich das Phänomen der Kontinentalverschiebung stellenweise sogar mit bloßem Auge betrachten. Bei Linthal stürzt der Berglistüber-Wasserfall in die Tiefe (rechte Seite).

Schächental, Klausenpass, Glarner Alpen

Wer ins Glarnerland fährt, muss sich an die Enge gewöhnen. Extrem steil geht es auf beiden Seiten des Tales aufwärts. Einen weiten Blick gibt es erst auf den Gipfeln. Auf nur wenigen Kilometern wechselt das Wetter von südländischer Milde am Walensee zu hochalpiner Härte auf den vergletscherten Berggipfeln, und wenn der Föhn kräftig durchs Tal bläst, kann es selbst während der Wintermonate unerwartet so warm werden wie an einem Sommertag. Nach einem Großbrand 1861 wiederaufgebaut, beeindruckt der kleine Hauptort Glarus durch breite Straßen, die sich rechtwinklig kreuzen, eine mächtige Stadtkirche sowie Gerichts- und Rathaus. Der knapp 2000 Meter hohe Klausenpass beginnt beim Urner Hauptort Altdorf und verbindet die zwei Urkantone Glarus und Uri miteinander. Er führt durch das Schächental, eines der Urner Reuss-Seitentäler.

Nachdem das Töten bei der Schlacht von Morgarten am Ägerisee (großes Bild) zu Ende war, zählten die Habsburger einer Chronik zufolge über 2000 Tote in ihren Reihen, vornehmlich Ritter. Schwyzer und Urner hingegen mussten demnach nur den Verlust von einem Dutzend Männer beklagen. Dank günstiger städtischer Steuersätze für Holdings verlegten seit den 1960er-Jahren immer mehr Firmen – viele davon aus dem Ausland – ihren Hauptsitz nach Zug, das malerisch am gleichnamigen See liegt (unten). Oben: Frühlingsimpression aus der Zentralschweiz.

Menzingen, Ägerisee, Zuger See

Zwischen Zürich und Luzern bezaubert Zug mit einer kleinen, aber mittelalterlich anmutenden Altstadt. Deren Wahrzeichen ist der mit einer eleganten Astronomischen Uhr (1574) verzierte Zytturm aus dem 15. Jahrhundert. Dass der Stadt als Handelsort zwischen Zürich und den Gebieten südlich des Gotthard im Mittelalter das nötige Kleingeld nicht gefehlt hat, bezeugt das prunkvoll verzierte ehemalige Kaufhaus. Menzingen hingegen hat Kirchenliebhabern einiges zu bieten: Außer dem Kapuzinerinnenkoster Maria Hilf mit einer Rokoko-Wallfahrtskapelle ist hier die 1597 erbaute Wallfahrtskirche St. Wendelin zu bewundern. An den Ufern des Ägerisees schlug dem Ritterheer unter habsburgischem Kommando 1315 die Stunde: Bei der Schlacht von Morgarten mussten sie eine schwere Niederlage gegen ihre Innerschweizer Gegner einstecken.

Zu den elegantesten Sakralbauten in diesem Teil der Schweiz zählt das Schwyzer Kloster Einsiedeln – hier ein Blick auf die nächtlich beleuchtete Hauptfassade der Klosterkirche (großes Bild). Innen entfaltet die spätbarocke Ausstattung ihre ganze Pracht (rechte Seite). Die Kapelle St. Johann (oben links) ist Altendorfs sakrales Schmuckstück. Der Schweizer Einsiedler und Mystiker Niklaus von Flüe (1417–1487) gilt als Schutzpatron des Landes – ein Freskenzyklus in der Kapelle St. Jost in Galgenen im Wägital zeigt Szenen aus seinem Leben (oben rechts).

Einsiedeln, Wägital, Altendorf

Aus der ganzen Welt pilgern Gläubige nach Einsiedeln, um in der Gnadenkapelle die »schwarze Muttergottes«, ein aus Holz geschnitztes Gnadenbild, zu bewundern. Das 934 gegründete Benediktinerkloster brannte in seiner über 1000-jährigen Geschichte fünfmal nieder, letztmals 1577. Der heutige prachtvolle Barockbau stammt aus der ersten Hälfte des 18. Jahrhunderts. Wie eine gewaltige Bühnenanlage muss den Pilgern die konvex ausschwingende Hauptfassade der Kirche erscheinen. Touristisch reizvoll ist auch das Wägital, eine Talschaft im Bezirk March. Dort lockt vor allem der Wägitaler See, ein 1924 entstandener Stausee, der bei Anglern hoch im Kurs steht. Altendorf hingegen zieht mit seinem Strandbad Besucher an. Auf einer Anhöhe thront die zierliche Kapelle St. Johann, die auf den Resten einer verlassenen Burg errichtet wurde.

Bevor Graubünden als Kanton der modernen Schweiz beitrat, zählte Tarasp im Engadin mitsamt Schloss (großes Bild) zum Herrschaftsbereich der Grafen von Tirol. Die mächtige Festung hielt allen Belagerungsversuchen stand. Zu ihren wertvollsten Ausstattungsstücken zählt eine noch heute regelmäßig benützte Orgel mit 2500 Pfeifen. Oben: Neugierige Bewohner der Bündner Gegend Surselva.

GRAUBÜNDEN

Bereits aus der alten Eidgenossenschaft nicht wegzudenken, trat Graubünden der modernen Schweiz als Kanton erst 1803 bei. Es nimmt den südöstlichen Teil des Landes ein. Als größter Flächenkanton ist es aus geografischen Gründen nur mäßig besiedelt. Als einziger Kanton hat Graubünden gleich drei Sprachen, nämlich Deutsch, Rätoromanisch und Italienisch, als Amtssprachen gewählt. Seine kulturelle Vielfalt, seine Landschafts und Stadtansichten haben dem Kanton zum Beinamen »Schweiz innerhalb der Schweiz« verholfen.

Antiquitäten im »Gänggalilada« und die spätgotische Kirche St. Martin erwarten den Besucher im alten Chur (unten). Surselva wird das Tal des jungen Rheins westlich von Chur genannt. Hier verläuft er in einer atemberaubenden Schluchtenlandschaft (oben rechts). Oben links: herbstliches Sertigtal bei Davos.

Chur, Surselva, Arosa, Davos

Chur, der Kantonshauptort Graubündens, gilt als älteste Stadt der Schweiz. Das Stadtgebiet erstreckt sich von 600 bis hinauf auf 1800 Meter Meereshöhe. Die Römer machten Chur im Jahr 286 zur Hauptstadt der Provinz Rätia. Mit der steigenden Bedeutung des Handels über die Alpenpässe entwickelt sich Chur zum wichtigen Transitzentrum. Spuren seiner Geschichte finden sich in der gut erhaltenen Altstadt mit dem 1454 erbauten Rathaus. Besonders malerisch ist die Kirchgasse, die zum im 17. und 18. Jahrhundert erbauten Schloss und der spätromanischen Kathedrale St. Maria Himmelfahrt führt. Unweit von Chur liegt im Schafnigger Tal der Wintersportort Arosa. Einst berühmt für seine Lungensanatorien war Davos im Landwassertal, von Thomas Mann im »Zauberberg« verewigt. Jedes Jahr im Februar tagt im Nobel-Wintersportort das Weltwirtschaftsforum.

Gewaltige Naturkulissen machen eine Fahrt mit dem Bernina-Express zu einem unvergesslichen Erlebnis (unten links). Im Engadin führt die Reise mit der Rhätischen Bahn nach St. Moritz über das kühne Landwasserviadukt bei Filisur. Die Bahn gehört zum UNESCO-Weltkulturerbe (großes Bild). Auch im Reusstal sorgt eine Zugfahrt für phänomenale Ausblicke, wie hier etwa beim Dorf Wassen im Kanton Uri (oben). Er steht auf der Beliebtheitsskala Schweizer Bergbahnen an erster Stelle: der Glacier-Express von St. Moritz/Davos nach Zermatt (unten rechts).

ÜBER KÜHNE VIADUKTE ZUM DACH EUROPAS

Sie zählen zweifellos zu den reifsten Ingenieursleistungen der Schweiz – die Bergbahnen. Die längste Gebirgsbahn des Landes ist die 1889 in Betrieb genommene mehrspurige Rhätische Bahn. An Bord eines Panoramazugs genießt man bequem die Natur und durchquert dabei weite Teile der Schweizer Gebirgswelt. Es mag deswegen nicht überraschen, dass sich Gebirgsfahrten mit der Bahn seit jeher großer Beliebtheit erfreuen. Dabei hat man die Qual der Wahl: Soll man den legendären Glacier-Express wählen, dem Bernina-Express den Vorzug geben oder sich der nostaglischen Furka-Dampfbahn anvertrauen? Letztere wird von einer über achtzigjährigen Dampflok immer noch kraftvoll durch die Landschaft gezogen. Nach dem Steinstafel-Viadukt läuft der Zug in Europas höchst gelegenem Bahnhof Furka (2160 Meter Meereshöhe) ein. Nach dem fast 1900 Meter langen Scheiteltunnel fällt der Blick auf den majestätischen Rhonegletscher. Mit dem Glacier-Express kann man mit durchschnittlich 40 Stundenkilometern knapp 300 Kilometer quer durch die Alpen fahren. Durch sieben kleine und große Flusstäler, darunter diejenigen von Inn, Rhein und Rhone, schlängelt sich die feuerrote Lokomotive mit ihren Waggons über 291 Brücken. Nicht weniger als 91 Tunnels werden dabei passiert.

Mit welcher Kunstfertigkeit frühere Handwerkergenerationen im Unterengadin Haustüren verzierten, zeigen dieses Meisterwerk in Sent (unten links) und der Türklopfer in Guarda (Mitte, 2. Bild von oben). Wer es sich leisten konnte, ließ die Hauptfassade seines Wohnhauses prächtig bemalen – etwa mit einer Darstellung des Sündenfalls (rechte Seite). Typisch für viele Unterengadiner Dörfer sind diese Hausfassaden in Scuol (Mitte unten) und Guarda (darüber). Schloss Tarasp – hier ein Vorraum und der Hauptraum (oben) – thront über dem gleichnamigen Ort.

Unterengadin

Diese alte Kulturlandschaft liegt zwar etwas im Schatten der großen Nord-Süd-Verbindungen, Nachteile hat diese Lage der Gegend jedoch nie eingebracht, eher im Gegenteil: Von Hektik, Lärm und Umweltverschmutzung weitgehend unberührt, konnte sich im Unterengadin eine ursprüngliche Naturlandschaft erhalten. Verglichen mit den verkehrsmäßig besser angebundenen Tourismusregionen, blieben dem Unterengadin Zersiedlung und folgenreiche Bausünden weitgehend erspart. Vor allem in Guarda, Ardez und Ftan fällt der Blick auf viele Gebäude in der traditionellen Engadiner Bauweise mit fantasievollen Fassadenmalereien und verspielten Erkern. Von der mächtigen Festung Tarasp eröffnet sich ein grandioser Blick in das Unterengadin. Scuol/Schuls ist sein Zentrum, bekannt wurde der Ort vor allem durch sein Heilwasser.

Das Symbol des Schweizerischen Nationalparks ist der Piz Terza, hier bei Sonnenaufgang im Herbst (großes Bild und oben). Als Rückzugsgebiet für etliche gefährdete Tier- und Pflanzenarten erfüllt der 1913 eingerichtete, bislang einzige Nationalpark der Eidgenossenschaft wichtige Funktionen. Hier, wo sich sich die Natur frei entwickeln kann, trifft man noch öfters den Alpensteinbock oder die Gämse in freier Wildbahn an (unten).

Schweizerischer Nationalpark

In der südöstlichsten Ecke des Landes erstreckt sich zwischen Engadin und Münstertal der Schweizerische Nationalpark. Im ältesten Nationalpark im alpinen Raum bleibt die Natur sich selbst überlassen. Als botanische Schatzkammer besitzt der Park eine beachtliche Vielfalt an Tier- und Pflanzenarten, die sich uneingeschränkt und völlig ungestört ausbreiten können. Alles ist an der Natur ausgerichtet – dem Menschen ist die Zuschauerrolle zugedacht. Nicht selten kann man hier daher Hirsche, Gämsen, Murmeltiere, Rehe oder Schneehasen in freier Wildbahn beobachten. Selbst Bären sollen sich dort vermehrt ansiedeln können. Wer sein Wissen vertiefen will, findet im Nationalparkhaus in Zernez eine Ausstellung über Fauna und Flora im Parkgebiet. Empfehlenswert ist als Ergänzung eine Exkursion auf dem Naturlehrpfad im Ofenpassgebiet.

Das Bündner Kloster Müstair (Münster) zählt zu den großen Stiftungen der karolingischen Zeit. Bis heute gibt es in Müstair einen für die Außenwelt geschlossenen Klausurbereich, in dem die wenigen Benediktinerinnen ein Leben nach den Regeln des heiligen Benedikt von Nursia führen (großes Bild). Eine Skulptur erinnert an Kaiser Karl den Großen, den mutmaßlichen Stifter des Klosters (rechte Seite). Oben: idyllische Herbstszene im Münstertal, das einst als Vorposten des Karolingerreiches in geistiger Hinsicht sehr bedeutend in diesem Teil der Alpen war.

Müstair

Südlich des Ofenpasses hat das Münstertal, so die deutsche Übersetzung von Müstair, eine besondere Attraktion zu bieten: das Benediktinerinnen-Kloster St. Johann. Es zählt zum schweizerischen UNESCO-Weltkulturerbe, weil es einen einzigartigen Freskenzyklus aus karolingischer Zeit besitzt. Der Legende nach war Kaiser Karl der Große dort in einen gefährlichen Schneesturm geraten. Von Todesangst ergriffen, hatte er den Schwur abgelegt, im Falle seiner Errettung ein Kloster zu stiften. Archäologen, die den Klosterkomplex seit 30 Jahren untersuchen, sind sich inzwischen sicher: Früher muss der »hinterste Winkel der Schweiz« einer der wichtigsten Verkehrswege im Alpenraum gewesen sein. Kunsthistoriker attestieren dem Gotteshaus ein »in Ausdehnung und Reichhaltigkeit sensationelles Bildprogramm«, nach einem theologisch wohldurchdachten Plan erarbeitet.

Vom Rosegtal bei Pontresina mit dem Piz Roseg (rechts unten) gelangt man über den Berninapass (rechts oben: mit Hospiz und Cambrenagletscher) ins Val Poschiavo (Puschlav) mit dem Lago di Saoseo (großes Bild). Über dem Lago di Poschiavo wacht das Kirchlein San Romerio (oben).

Pontresina, Rosegtal

Von der Sonne verwöhnt und windgeschützt, zeichnet sich die Gemeinde Pontresina durch das spezielle Reizklima des Hochgebirges aus. Wie im Engadin gibt es dort im landesweiten Maßstab über das Jahr nur sehr geringe Niederschlagsmengen. Dank dieser klimatischen Vorzüge und seiner Lage hat sich der Ort zu einem bedeutenden Kurort und gern besuchten Alpinistenzentrum entwickelt. Bronzeplastiken, die Archäologen hier ausgegraben haben, belegen, dass die Gegend schon zur Bronzezeit besiedelt war. Von der Römerzeit zeugt eine gefundene Münze mit dem Konterfei Kaiser Trajans. Eine sieben Kilometer lange Kutschenfahrt von Pontresina in das wilde Rosegtal zählt zu den Höhepunkten eines Aufenthalts in der Region. Sie führt durch ein Naturreservat für Flora und Fauna und endet am Roseggletscher, den man zu Fuß erreicht.

Luxus unbegrenzt auch in hohen Lagen stellt das Hotel Badrutt in St. Moritz in Aussicht. Die landesweit vermutlich höchste Dichte an Luxuslimousinen findet sich dort am Eingangsportal (großes Bild). Mit den Vorlieben und Marotten der vermögenden Gäste bestens vertraut scheint dieser Portier beim Hotel Palace (rechte Seite). Keine Bündner Gemeinde erlebte in den vergangenen Jahrzehnten einen steileren Höhenflug als St. Moritz (Bildleiste Mitte: exquisite Schaufensterauslagen), das seine Besucher mit der legendären »Champagnerluft« lockt.

St. Moritz

Alles schon mal dagewesen, könnte man mit Blick auf die Belle Époque sagen, als sich St. Moritz vom Bauerndorf zum Kurort für die europäische High Society wandelte. Damals legte man den Grundstein für Luxushotels, die bis heute Weltrum genießen – etwa Kulm, Palace, Badrutt und Suvretta. Der Jetset hält St. Moritz die Treue, seit Jahren um eine betuchte russische Klientel bereichert, die es sich leisten kann, mit dem Privatjet einzufliegen, um auf die Schnelle ein Ski-Wochenende zu verbringen. Doch St. Moritz steckt auch solche Exzesse weg. Zu schaffen macht vielmehr der Bau von Luxusresidenzen, die nur wenige Wochen im Jahr belegt sind. Das Kulm Hotel von St. Moritz gilt als Geburtsstätte des Wintertourismus. Direktor Badrutt soll 1856 mit englischen Gästen erfolgreich gewettet haben, dass es dort im Winter ebenso sonnig sei wie im Sommer.

Graubünden | Schweiz

Der Morteratschgletscher (großes Bild; rechte Seite, 1. und 2. Bild von oben) fließt von Piz Palü und Piz Bernina aus Richtung Pontresina. Vom Fuorcla Surlej hat man einen grandiosen Blick auf die Bernina-Gruppe und den Piz Roseg (rechte Seite, von unten). Bei Silvaplana erstreckt sich das Wintersportgebiet des Piz Corvatsch. Silvaplanersee und Silsersee sind die wohl bekanntesten Gewässer der Engadiner Seenplatte (oben).

Bernina-Gruppe, Silvaplana, Silsersee

»Hier ist es so schön, so still und so kühl, dass man die Rätsel des Daseins vergisst und sich an die klare Offenbarung der Schönheit hält«, schrieb der Schweizer Erzähler und Lyriker Conrad Ferdinand Meyer im 19. Jahrhundert über das Oberengadin. Auf dem 3451 Meter hohen Piz Corvatsch kann man das gut nachvollziehen: In Reih und Glied erheben sich in der ewigen Stille der Hochalpen majestätisch der Piz Bernina (4049 Meter), der Piz Roseg (3937 Meter) und der Piz Morteratsch (3751 Meter). Auf 1800 Metern Höhe erstreckt sich der Silsersee mit Europas höchstgelegener Schifffahrtslinie. Rund 40 Minuten dauert die Fahrt über den geheimnisvollen Alpensee. Silvaplana schließlich hat nicht nur als Wintersportort seit Langem einen starken Ruf. Im Sommer ist die Gegend ein Dorado für Windsurfer, Kitesailer, Wanderer und Angler.

Graubünden | Schweiz

Die bekannteste Ortschaft des Bergell ist Soglio, das wie ein Adlerhorst auf einer Anhöhe liegt (großes Bild). Nicht nur Wanderer erfreuen sich am Anblick der scharfzackigen Felsnadel Fiamma, auch Bergsteiger, die ihre Grenzen erfahren wollen, zieht die Gesteinsformation im Bergell an (oben). Sanfte Wiesen und Bäume charakterisieren die alte Kulturlandschaft des Bergell (unten links), von wo aus der Wanderer über den Malojapass ins italienische Chiavenna gelangt.

Bergell

Die Bewohner des Bergell, wie die dem Oberengadin benachbarte Region auf Deutsch heißt, grenzen sich gerne von ihren Nachbarn ab. In diesem Tal, das größtenteils auf Schweizer Staatsgebiet liegt, spricht man nicht nur Italienisch, auch das milde Klima erinnert daran, dass Bella Italia nicht fern ist: Vom Malojapass aus führt das Val Bregaglia hinunter zur italienischen Kleinstadt Chiavenna. Zu den bekanntesten Bewohnern der Gegend zählten der italienische Maler Giovanni Segantini (1858–1899) und die Künstlerfamilie Giacometti. Bergketten und eine naturnah gebliebene Landschaft prägen das Erscheinungsbild. Beim Ort Castasegna erstreckt sich der Brentan, Europas größter Edelkastanienwald. Hoch über dem Tal thront der bekannte Ort Soglio, in dem sich neben einfachen Bauernhäusern einige Palazzi des einst dominierenden Geschlechts der Salis finden.

Die Via-Mala-Schlucht, die stellenweise nur wenige Meter breit ist, dafür aber mit fast 300 Meter hohen Felswänden imponiert, gehört zu den faszinierendsten Naturkulissen der östlichen Schweiz. Das Farbenspiel des Wassers, die Strudeltöpfe und die im 18. Jahrhundert erbaute Steinbrücke sorgen bei einer Wanderung für starke Eindrücke (unten). Dank des schneesicheren San-Bernardino-Tunnels kommt man seit 1967 schneller voran, allerdings bleibt dem Besucher der Region dann die erhabene Schönheit der Passhöhe vorenthalten (oben).

Via Mala, San Bernardino

Die Täler Schams, Avers und Rheinwald sind die Hauptbestandteile einer Region, deren touristisches Herzstück die Via-Mala-Schlucht ist. Jahrhundertelang verliefen durch diesen Teil der heutigen Schweiz wichtige Fernhandelsrouten über die Alpenübergänge Splügen und San Bernardino. Heute benutzen die meisten Durchreisenden jedoch den über sechs Kilometer langen wintersicheren San-Bernardino-Tunnel. Nicht wenige legen einen Zwischenstopp ein. So hat sich in den Anrainergemeinden inzwischen der Tourismus etabliert. Vor allem das weitgehend authentische Dorf Splügen im Rheinwald mit seinem Skigebiet Splügen-Tambo am Fuße des majestätischen Pizzo Tambo an der italienischen Grenze profitiert davon. Aber auch Juf, auf 2126 Metern Meereshöhe das höchstgelegene Dorf der Schweiz, kann sich nicht beklagen.

In früheren Zeiten mussten sich Reisende Richtung Süden mühsam über die Gotthardpassstraße (großes Bild) fortbewegen, um ihr Ziel zu erreichen. Auf der Passhöhe errichtet, dient das einstige Gotthardhospiz heute als Museum. Heute erlaubt der Tunnel eine schnelle Fahrt ins Tessin. Ein markierter Wanderweg führt von Airolo aus zur Passhöhe des Gotthard und zum renovierten Hospiz (oben).

TESSIN

Auf der Reise nach Süden wird das Landschaftsbild zunehmend lieblicher. Aber erst in Bellinzona, Locarno und Lugano, wirtschaftlich, kulturell und touristisch die herausragenden Städte des Tessin, springt die Verwandtschaft mit der Lombardei ins Auge. Endlich fällt der Blick auf Palmen, Oleander und Kamelien: Sie säumen die verträumten Parklandschaften an den Ufern der großen Seen. Die exotische Vegetation und das milde Klima verhalfen dem Tessin, das der Schweiz 1803 beitrat, zum Beinamen »Sonnenstube der Schweiz«.

Die Arbeiten im Gotthard-Basistunnel schreiten voran. Bis zu zehn Meter pro Tag arbeiten sich die Mineure mit ihrem schweren Gerät durch den felsigen Untergrund (großes Bild und Bildleiste rechts: Vortriebs- und Baggerarbeiten sowie der Einbau von Stahlträgern). Der 57 Kilometer lange Eisenbahntunnel, der einmal der weltweit längste Tunnel überhaupt sein wird, soll voraussichtlich im Jahr 2017 in Betrieb genommen werden. Ab 2018 muss dann auch der bereits 1980 eröffnete 17 Kilometer lange Gotthard-Straßentunnel aufwendig saniert werden (oben).

IM BAUCH DES GOTTHARD-MASSIVS

Seit 1996 wird am 57 Kilometer langen Gotthard-Basistunnel gearbeitet. Als einer der schwierigsten Bauabschnitte hat sich das Tavetscher Zwischenmassiv herauskristallisiert: Hier stießen die Mineure durch weiches, sandartiges Gestein. Eigentlich müssten die Mineure in 800 Meter Tiefe bohren. Doch im Augenblick machen sie das Gegenteil. Spritzbeton schießt aus einem Schlauch, der an einem Roboterarm hängt. Lässig steuert ein Arbeiter die Betonspritze mit einem Joystick. Er blickt auf eine riesige, mit Beton verkleidete Wand: das derzeitige Ende des Tunnels im Gotthard-Massiv. Durch den harten Gneis arbeiten sich die Mineure mit Sprengungen. Doch das Tavetscher Zwischenmassiv war eine unerwartet harte Nuss. Dann fand man die Lösung in Form übereinandergelegter Stahlbögen, die mit Halteeisen und Schrauben zusammengehalten werden. Sie formen einen Kreis, der dem gewaltigen Druck des Gebirges standhält. Zusätzlich zu den Stahlbögen werden zwölf Meter lange sogenannte Anker aus Stahl im Abstand von rund einem Meter radial in den Berg getrieben. Später wird hier nochmals eine bis zu 1,7 Meter dicke Spritz- und Betonschicht aufgetragen und in mehreren weiteren Arbeitsgängen schliesslich die endgültige Tunnelröhre gebaut. Im Jahr 2017 soll sie fertig sein.

Im unteren Abschnitt der Leventina liegt Giornico (oben). Dort schlugen 1478 die 600 Mann der Leventinischen Landwehr eine 16 000 Soldaten starke Armee des Mailänder Herzogs in die Flucht. Wegen ihrer Fresken zählt die romanische Kirche S. Ambrogio in Negrentino im Valle di Blenio zu den bedeutendsten Gotteshäusern der Gegend (großes Bild). Nicolao da Seregno schuf nach der Schlacht von Giornico die Fresken der Chorapsis in der Kirche S. Nicolao von Giornico. Sie stellen eine Majestas Domini mit den Evangelistensymbolen dar (unten links).

Val Bedretto, Valle Leventina

Vom Ticino durchflossen, erstreckt sich das Val Bedretto als westlichster Ausläufer des Valle Leventina vom Nufenenpass bis nach Airolo. Die Leventina beginnt bei Airolo am Südende des Gotthardpasses und verläuft bis nach Biasca. Dieses Tal liegt auf einer Nord-Süd-Achse, die im Warenaustausch jahrhundertelang eine wichtige Rolle spielte. Man spricht dort Italienisch, allerdings ist der lokale Dialekt dem Rätoromanischen stark angenähert. Der Gotthardpass am oberen Ende der Leventina hat die Geschichte des Tales durch die Jahrhunderte entscheidend geprägt. In der Gemeinde Bodio liegt das Südportal des künftig längsten Eisenbahntunnels der Welt. Von den zahlreichen Seitentälern der Leventina sind die wichtigsten das Val Piumogna, das Val Chironico und das Val d'Ambra. Im Val Piora liegen der Ritom-Stausee sowie der Cadagnosee.

Auch mit den größten Anstrengungen kaum zu knacken: das Burgentrio Tre Castelli – hier ein Blick auf Montebello und Castelgrande (großes Bild). Die ganze Anlage, in der heute Museen, Galerien und Restaurants untergebracht sind, gehört zum UNESCO-Weltkulturerbe. Die kleine Kirche Santa Maria delle Grazie am Rand der Altstadt begeistert durch die Lettnerwand, auf der ein unbekannter Meister 16 Szenen aus dem Leben und der Passion Christi schuf (oben). Rechte Seite: Bellinzonas Piazza mit dem Rathaus, dessen Innenhof Arkadengänge aufweist.

Bellinzona

Wenn man sich der Tessiner Kantonshauptstadt nähert, fällt sofort der Blick auf das grandiose Burgentrio Castelgrande, Montebello und Sasso Corbaro. Sie bildeten mit einem vier Meter dicken Mauerwall über dem Ticino einen einst unüberwindbaren Riegel aus Granitfestungen, harmonisch in die Landschaft eingepasst. Geschickt eine Schwäche des Mailänder Herzogtums ausnützend, brachten die Innerschweizer die Stadt Ende des 15. Jahrhunderts in ihren Besitz. Mit Bellinzona verfügten die neuen Herren über eine Schlüsselstellung, da sich dort mehrere alte Nord-Süd-Handelsrouten bündelten. Und auch im historischen Kern glänzt das kleine Bellinzona durch Sehenswürdigkeiten, etwa das 1924 originalgetreu rekonstruierte Rathaus. Gut die Hälfte der Einwohner lebt im Centro Storico, das gerne als Bellinzonas »vierte Burg« bezeichnet wird.

Obwohl sie aus der frühen Neuzeit stammt, heißt die bekannteste Brücke des Verzasca-Tals im Volksmund »Römerbrücke« (oben). Dank seiner gewaltigen Unterwasser-Gesteinsformationen, vor allem aus Granit, zieht das Valle Verzasca im Sommer auch zahlreiche Taucher an (großes Bild, unten links). Im 1986 durch einen Lawinenabgang zerstörten Mogno im Val Lavizzara, einem Seitental des Valle Maggia, hat Mario Botta, einer der bekanntesten Schweizer Architekten, 1997 aus Marmor und Granit die Kirche San Giovanni Battista geschaffen (rechte Seite).

130 **Schweiz** | Tessin

Valle Verzasca
Val Lavizzara

Das intensiv grün schimmernde, klare Flusswasser verhalf dem Verzasca-Tal zu seinem Namen, einer Ableitung von »Acqua Verde«. Das wilde und kaum berührte Tal besitzt zahlreiche Wanderwege, auf denen sich Besucher die Naturszenerie erschließen können. Schon früh hat diese Granitlandschaft, in der Kapellen, Heiligenstöcke und Brücken zu den wenigen von Menschenhand geschaffenen Werken zählen, Künstler angezogen und sie veranlasst, sich auf diese Urgewalt einzulassen. Im mittleren Abschnitt des einstigen Transportpfades Sentierone zwischen Brione und Lavertezzo haben Bildhauer Skulpturen und weitere Landschaftsinstallationen geschaffen. Ihre zeitgenössischen Werke beziehen sich auf das Erscheinungsbild der Gebirgslandschaft, auf ihre Geschichte und die Rolle des Menschen, die dort abgeschieden leben.

Endlich Süden: Über das Gassennetz der Altstadt von Ascona gelangt man zur Piazza an der Seepromenade, von wo aus sich ein herrlicher Ausblick auf den Lago Maggiore bietet. Als gediegenste Flaniermeile wird die Uferpromenade (Lungolago) mit ihren gelb, rosarot und hellblau gestrichenen Patrizierhäusern auch von den Einheimischen gerne angesteuert (großes Bild). Nur der nördlichste, von hohen Bergen eingefasste Zipfel des Lago Maggiore gehört noch zur Schweiz. Gut zu erkennen sind auf dieser Luftaufnahme die beiden Brissago-Inseln (oben).

Lago Maggiore

Der Langensee, wie die über 200 Quadratkilometer große Wasserfläche im Tessin und den italienischen Regionen Piemont und Lombardei auf Deutsch heißt, erstreckt sich von der südlichen Alpenkette bis an den Rand der Poebene. Wie die übrigen Seen in diesem Teil Europas entstand er beim Abschmelzen eiszeitlicher Gletscher. Er ist vor allem im Nordteil von hohen Felswänden umgeben. Dass er stets mit Frischwasser versorgt wird, ist dem Ticino zu verdanken. Dieser mündet bei Magadino in den See. Das Mündungsdelta, Bolle di Magadino genannt, zählt zu den artenreichsten Naturschutzgebieten der Südschweiz. Im Sommer lockt der Lago Maggiore zahlreiche Besucher an. Mit den Linienschiffen besuchen sie die Brissago-Inseln San Pancrazio und Sant' Apollinare. Zahlreich sind hier die Pflanzenarten, die sonst nur in subtropischen Gefilden wachsen.

Vom Stadtrand von Lugano aus gelangt man zu Fuß oder per Seilbahn auf den Gipfel des 912 Meter hohen Monte San Salvatore (oben). In Morcote hat man einen schönen Blick auf den Luganer See (großes Bild). Auf dem Friedhof der Kirche San Abbondo in Gentilino (Collina d'Oro) finden sich die Gräber berühmter Persönlichkeiten wie Hermann Hesse, Bruno Walter und Hugo Ball (rechts unten). In Castagnola (rechts oben) unweit von Lugano beherbergte einst die Villa Favorita am Fuße des Monte Brè die Kunstsammlung von Heinrich Thyssen-Bornemisza.

Lago di Lugano

Der Lago di Lugano gilt landschaftlich als schönster See der Schweiz. Lugano ist daher ein idealer Ausgangspunkt für Wanderungen und Bergtouren. Beschaulich ist das Malcantone mit seinen Kastanienhainen, von wilder Schönheit das Valcolla und ein wenig der Welt entrückt scheint die Region um Montagnola, wo der Schriftsteller Hermann Hesse ein halbes Leben verbracht und auch seine letzte Ruhestätte gefunden hat. Einige Ausläufer des Sees erstrecken sich bis nach Italien hinein, und auch die italienische Enklave Campione d'Italia liegt an seinen Ufern. Im Osten erhebt sich der Aussichtsberg Monte Brè und der San Salvatore. Westlich bereichert der Monte Generoso das Gebirgspanorama. Zwischen den südlichen Armen liegt der Monte San Giorgio, der seiner Fossilienfunde wegen zum schweizerischen UNESCO-Weltnaturerbe erklärt wurde.

Von Zermatt aus führt eine Seilbahn auf das 3883 Meter hohe Klein Matterhorn, von wo aus sich ein grandioser Rundblick auf viele Viertausender in der Schweiz, Frankreich und Italien bietet.

Hauptattraktion dort ist der 15 Meter unter der Eisoberfläche liegende Gletscher-Palast, wo man nicht nur das Innere eines Gletschers bestaunen, sondern auch Walliser Eisweine verkosten kann (unten).

WALLIS

Das Rhonetal durchzieht vom Rhonegletscher bis an die Ufer des Genfer Sees den Kanton Wallis, der seit 1815 der Eidgenossenschaft angehört. Im Norden von den Berner und Waadtländer Alpen umgeben, besitzt das Wallis im Süden mit der Durfourspitze und dem Dom einige der höchsten Berggipfel der Schweiz; Aletsch-, Gorner- und Fieschergletscher sind die größten alpinen Gletscher. Diesen Gebirgsmassiven verdankt das Wallis sein warmes Klima. In dieser Gegend gedeihen vor allem Gemüse, Obst und Wein.

Diese frühe Farbfotografie, die in der Nähe des Furkapasses entstand, zeigt den Zustand des Rhonegletschers kurz vor der Wende vom 19. zum 20. Jahrhundert (oben). Bereits heute ist das Naturphänomen um die Hälfte kürzer als damals. Bei der Fahrt über den Furkapass kommt der Reisende an diesem Gletscher vorbei. Die immer noch gewaltigen Dimensionen des Eisfeldes ziehen den Betrachter in ihren Bann. Wo der Gletscher beim Fließen in ein stufenartig abfallendes Tal gelangt, brechen große Eisbrocken ab (großes Bild und unten rechts).

Rhonegletscher

Bisweilen auch Rottengletscher genannt, erstreckt sich der Rhonegletscher im äußersten Nordosten des Kantons im Quellgebiet des gleichnamigen Flusses. Bei einer Länge von knapp zehn Kilometern erreicht er eine durchschnittliche Breite von rund einem Kilometer und bedeckt eine Fläche von gut 17 Quadratkilometern. Während der Eiszeit hatte der Rhonegletscher die Landschaft des Goms herausgehobelt. Danach schüttete die junge Rhone den Talboden auf. Als im Verlauf des 19. Jahrhunderts der Fremdenverkehr in den hochalpinen Lagen an Bedeutung gewann, wurde er eines der populärsten Naturphänomene der Schweiz. Seine Zunge reichte damals noch weit in das Tal bei Gletsch hinunter. Allerdings nimmt seine Ausdehnung stetig ab. Inzwischen gehen Klimaforscher davon aus, dass bis 2100 nur wenig von ihm übrig sein wird.

Im Aletschgebiet bieten sich an etlichen Stellen atemberaubende Panoramen. Über 3000 Meter hoch sind Nesthorn, Sparrhorn, die Fusshörner sowie das Grosse Fusshorn (oben). Bis das Aletschgebiet als erstes Schweizer Weltnaturerbe (großes Bild: Aletschgletscher mit Restaurant »Top of Europe«) nominiert werden konnte, mussten lange, bisweilen zähe Verhandlungen mit den betroffenen Gemeinden über die Ausdehnung der unter Schutz gestellten Fläche geführt werden, um Bedenken wegen eventueller Einschränkungen des Wintertourismus zu zerstreuen.

Aletschgletscher

Als König der Gletscher im Alpenraum steht der 23 Kilometer lange Aletschgletscher seit 2001 auf der Weltnaturerbeliste der UNESCO. Zum Schutzgebiet zählt die ganze Region Jungfrau-Aletsch-Bietschhorn. Wie die meisten alpinen Gletscher befindet sich auch dieser Eisgigant auf dem Rückzug, mit einem jährlichen Längenverlust von bis zu 50 Metern. Für eine Annäherung an die mächtige Eiszunge, die sich von der Jungfrau ins Aletschgebiet schlängelt, eignen sich Riederalp und Bettmeralp. Sie sind Ausgangspunkt für Gletschertouren oder Wanderungen durch das Naturschutzreservat Aletschwald. Riederalp und Bettmeralp, mit Fiescheralp und Belalp die größten Skigebiete im Gletschereinzugsgebiet, liegen auf einem lang gestreckten sonnenbeschienenen Plateau in fast 2000 Metern Höhe. Beide Gemeinden sind nur mit Seilbahn erreichbar.

Der Stockalperpalast ist das stolze Wahrzeichen von Brig (großes Bild). In der Gegend um das waadtländische Aigle, das durch ein mächtiges Schloss beeindruckt (oben), kommen Weinliebhaber auf ihre Kosten. Durch den altertümlichen Dialekt und ein reiches Brauchtum hebt sich das Lötschental (unten Mitte) von den angrenzenden Regionen ab. Aus Arvenholz schnitzt man dort furchterregende Masken, mit denen jüngere Männer als »Tschäggätä« verkleidet auftreten und sich zur Fasnachtszeit bisweilen recht derbe Scherze erlauben (rechte Seite).

Rhonetal, Lötschental

Es beginnt geografisch an den Gestaden des Genfer Sees und erstreckt sich bis hinauf zur italienischen Grenze, wo sich ein Ausblick auf das mächtige italienisch-französische Mont-Blanc-Massiv bietet: das Walliser Rhonetal. Es regne nie im unteren Talabschnitt, behaupten zumindest die Einheimischen. Obwohl sich dieser Teil in der Tat durch ein ausgesprochen mildes und trockenes Klima auszeichnet, herrscht dort dennoch niemals Wassermangel. Das kostbare Nass stammt von den Walliser Gletschern. Bereits seit vielen Jahrhunderten wird es in Suonen genannten Kanälen gesammelt und von den Landwirten nach einem festen Verteilungsplan für ihre Kulturen genutzt. Der Landwirtschaft kommt heute im »Kalifornien der Schweiz«, wie das Wallis gerne auch bezeichnet wird, neben dem Fremdenverkehr eine Schlüsselstellung zu.

Wallis | Schweiz

Über einem einsamen Bergweiler im Saastal braut sich ein Gewitter zusammen (oben links). Ein gerne besuchter Ort ist der Eispavillon, die weltweit größte Eisgrotte, auf dem Allalin bei Saas Fee (oben rechts). Typische Impressionen aus dem Hochgebirge bei Saas-Fee: Feegletscher (großes Bild) und eindrucksvolles Bergpanorama (rechte Seite).

Saas-Fee

Seit vier Jahrtausenden siedeln Menschen im relativ milden Saastal. Als »schweizerisches Grönland« wurde das Tal beschrieben, bis es von Edward Wymper, dem Bezwinger des Matterhorns, für die Außenwelt entdeckt wurde. Markenzeichen von Saas-Fee sind denn auch die Viertausender, allen voran der wuchtige Dom, und die Gletscher. Wegen ihrer Ausdehnung besonders auffallend sind der Feegletscher und der Allalingletscher. Die höchst gelegene Metro der Welt bringt die Gäste vom 3000 Meter hohen Felskinn zum Allalin. Dort erwartet den Besucher eine der beeindruckendsten Gletscherlandschaften der Erde. Saas-Fee ist autofrei und hat sich einer nachhaltigen Entwicklung verschrieben. Dennoch muss auf nichts verzichtet werden. Hier können alle erdenklichen Sportarten ausgeübt werden, und bei den Festivals ist klassische und moderne Musik zu hören.

Ein Holzkreuz kennzeichnet einen Gipfel im erhabenen Monte-Rosa-Massiv mit dem Gornergletscher und dem Gornergrat im Hintergrund (großes Bild). Geschafft: Zwei Bergsteiger ohne Furcht und Tadel haben den 4527 Meter hohen Lyskam erklommen (oben). Mit ein bisschen Glück bietet sich dem Bergwanderer auch dieser Anblick mit einem Steinbockrudel in der Gebirgslandschaft von Gressoney im grenznahen italienischen Aosta-Tal. Im Hintergrund zeichnen sich im Nebel auf Schweizer Seite die Umrisse des Monte-Rosa-Massivs ab (unten links).

Monte Rosa, Weisshorn

Mit 4634 Metern ist die Dufour-Spitze die höchste Erhebung im Monte-Rosa-Massiv, das zu den Walliser Alpen gehört. Dank seiner vielen Gipfel, Gletscher und Ferienorte zieht diese faszinierende Landschaft das ganze Jahr über Bergsteiger, Wanderer, Gleitschirmpiloten und Skifahrer gleichermaßen an. Da der Walliser Anteil an den Alpen gut geschützt im Inneren des Gebirgszuges liegt, ist das Wetter hier oft besser als in den Nachbarregionen. Deswegen liegt die Waldgrenze hier auch höher als in anderen Alpenabschnitten. Das 4505 Meter hohe Weisshorn ähnelt einer von drei schroffen Graten gebildeten ebenmäßigen Pyramide, die es an Schönheit mit dem Matterhorn aufnehmen kann. Erstmals bezwungen wurde es 1861 über den Ostgrat, den heutigen Normalweg. An den wesentlich schwierigeren Südwestgrat wagten sich Gipfelstürmer erstmals 1895 mit Erfolg.

Wallis | **Schweiz**

Das Matterhorn ist zwar nicht der höchste Berg der Schweiz, dafür aber der mit Abstand bekannteste Gipfel, der Jahr für Jahr große Besuchermassen anzieht. Wohl kein Schweizer Naturphänomen wurde häufiger abgebildet und in der Werbung zum Inbegriff der Eidgenossenschaft schlechthin hochstilisiert (unten). Zermatt, einstmals ein kleines Dorf im Gebirge, hat sich an einigen Orten seinen ursprünglichen Charme bewahrt. Im Hinterdorf überstanden Holzhäuser, bisweilen mit reichem Schnitzwerk versehen, die Stürme der Zeit (oben).

Mattertal, Zermatt

Der verkehrsfreie Ferienort wäre wohl heute noch ein unbekanntes Bergdorf, läge er nicht am Fuß des Matterhorns. Es sind die einmalige Form der größten natürlichen Pyramide der Welt und die exponierte Lage, die seit Mitte des 19. Jahrhunderts Bergsteiger magisch anzogen. Am 14. Juli 1865 gelang dem Engländer Edward Whymper die Erstbesteigung, allerdings kamen vier Angehörige seiner Seilschaft beim Abstieg ums Leben. Seither sind ihm Tausende gefolgt. Wenn die aufgehende Sonne den Berg in goldenes Licht taucht während das Dorf noch im Dunkeln verharrt, kann man gut nachvollziehen, warum diese zauberhafte Gegend so gerne aufgesucht wird. Man kann das Matterhorn zu Fuß besteigen oder eine Bergbahn nehmen. Der Wintertourismus dominiert heute auch in Zermatt, und dann kann es in den malerischen Gassen eng werden.

Die Pyramiden von Euseigne sind durch die Erosion von harten Grundmoränen alter Gletscher entstanden. Auf diese Weise bildeten sich im Laufe der Zeit die charakteristischen, von Blöcken gekrönten Kegel (oben rechts). Das Val Ferret gehört zu den wenigen Gebieten der Schweiz, die zumindest außerhalb des Landes so gut wie unbekannt sind. Und das ganz zu Unrecht, gehören zur Landschaft dieses Seitentales doch etliche malerisch gelegene Gebirgsseen mit großartigen Bergpanoramen (unten). Oben links: Bergsteiger auf der Dent Blanche.

Val d'Hérens, Val de Zinal, Val Ferret

Vom Rhonetal bei Sitten aus erstreckt sich das Val d'Hérens südwärts bis zu den Gipfeln der Berge Dent Blanche, Dent d'Hérens, Mont Collon und Mont Blanc de Cheilon. Es besticht mit alten Dörfern, deren Holzhäuser, Stadel und Kornspeicher an steile Hänge angelehnt sind. Im Val d'Hérens (Eringertal) mit seinen Bergdörfern, darunter Evolène, Les Haudères und Arolla, haben sich alte Walliser Traditionen besonders gut gehalten. Zinal hingegen, heute ein Ferienort, liegt im hintersten Winkel des Val d'Anniviers (Eifischtal), das sich hier Val de Zinal (Zinaltal) nennt. Weisshorn, Zinalrothorn, Obergabelhorn und Dent Blanche bilden dort die Gebirgskulisse. Das Val Ferret, ebenfalls relativ unbekannt, beginnt bei Martigny und endet an der Grenze zu Italien beim Col Ferret. Diese Gegend wird besonders ihrer vielfältigen Wandermöglichkeiten wegen geschätzt.

Zwischen Lausanne und Montreux erstreckt sich am Genfer See die Kulturlandschaft des Lavaux. Auf den Steilhängen und Terrassen der malerischen Dörfchen – hier Saint-Saphorin – wird seit alters Wein angebaut.

ATLAS

Die Schweiz gilt als *das* klassische Alpenland. Neben den Westalpen mit ihren Viertausendern prägen zwei weitere Großlandschaften das 41 000 Quadratkilometer große mehrsprachige Land (Deutsch, Französisch, Italienisch, Rätoromanisch) zwischen Bodensee und Genfer See, Hochrhein und Alpensüdseite: Jura und Mittelland. In der Becken- und Hügellandschaft des Mittellands lebt die Mehrheit der 7,7 Millionen Landeseinwohner, hier finden sich auch die großen Städte und Wirtschaftszentren wie Zürich, Luzern, Bern, Lausanne, Genf.

Dank seiner exponierten Lage im Alpsteinmassiv, das dem Alpenhauptkamm nördlich vorgelagert ist, genießt man vom Säntis aus (2502 Meter) einen fantastischen Panoramablick von den Gipfeln des Berner Oberlandes über das Wallis bis zu Bernina und Silvretta.

ZEICHENERKLÄRUNG ZU DEN KARTEN 1 : 950 000

══════ ┈┈┈┈	Autobahn (im Bau)
══════	Gebührenpflichtige Autobahn
══════ ┈┈┈┈	Vier- oder mehrspurige Straße (im Bau)
══════ ┈┈┈┈	Fernstraße (im Bau)
══════ ┈┈┈┈	Wichtige Hauptstraße (im Bau)
══════	Hauptstraße
══════	Nebenstraße
┈┈┈┈	Eisenbahn
───	Sperrgebiet
───	National- und Naturpark
4 2 A22	Autobahnnummer
E54	Europastraßennummer
34 28 N22 66	Andere Straßennummer
22	Autobahnanschlussnummer
	Anschlussstelle
🚐 ✈	Für Wohnwagen nicht geeignet/verboten
⛽ ⊗	Autobahntankstelle/-rasthaus
⊗	Autobahnrasthaus mit Motel
✈	Wichtiger Flughafen
✈	Flughafen
✈	Flugplatz
🚢	Autofähre

154 Schweiz

LEGENDE

Die Karte auf den folgenden Seiten zeigt die Schweiz im Maßstab 1:950 000. Die geografischen Details werden dabei durch eine Vielzahl touristischer Informationen ergänzt: sowohl durch das ausführlich dargestellte Verkehrsnetz als auch durch Piktogramme, die Lage und Art aller wichtigen Sehenswürdigkeiten und Freizeitziele angeben. Touristisch interessante Städte sind durch den gelb hinterlegten Namen hervorgehoben. Auch die von der UNESCO zum Welterbe ernannten Monumente sind besonders gekennzeichnet.

PIKTOGRAMME

Berühmte Reiserouten
- Autoroute
- Bahnstrecke

Herausragende Naturlandschaften und Naturmonumente
- UNESCO-Weltnaturerbe
- Gebirgslandschaft
- Felslandschaft
- Schlucht/Canyon
- Vulkan erloschen
- Höhle
- Gletscher
- Wasserfall/Stromschnelle
- Fossilienfundstätte
- Naturpark
- Nationalpark (Landschaft)
- Nationalpark (Flora)
- Zoo/Safaripark
- Botanischer Garten
- Quelle

Kulturmonumente und -veranstaltungen
- UNESCO-Weltkulturerbe
- Außergewöhnliche Metropole
- Vor- und Frühgeschichte
- Römische Antike
- Christliche Kulturstätte
- Romanische Kirche
- Gotische Kirche
- Renaissancekirche
- Barockkirche
- Christliches Kloster
- Kulturlandschaft
- Historisches Stadtbild
- Burg/Festung/Wehranlage
- Burgruine
- Palast/Schloss
- Technisches/industrielles Monument
- Staumauer
- Herausragende Brücke
- Sehenswerter Turm
- Herausragendes Gebäude
- Denkmal
- Feste und Festivals
- Museum
- Freilichtmuseum
- Theater
- Olympische Spiele

Bedeutende Sport- und Freizeitziele
- Golf
- Pferdesport
- Skigebiet
- Segeln
- Windsurfen
- Freizeitbad
- Mineralbad/Therme
- Freizeitpark
- Bergbahn
- Aussichtspunkt

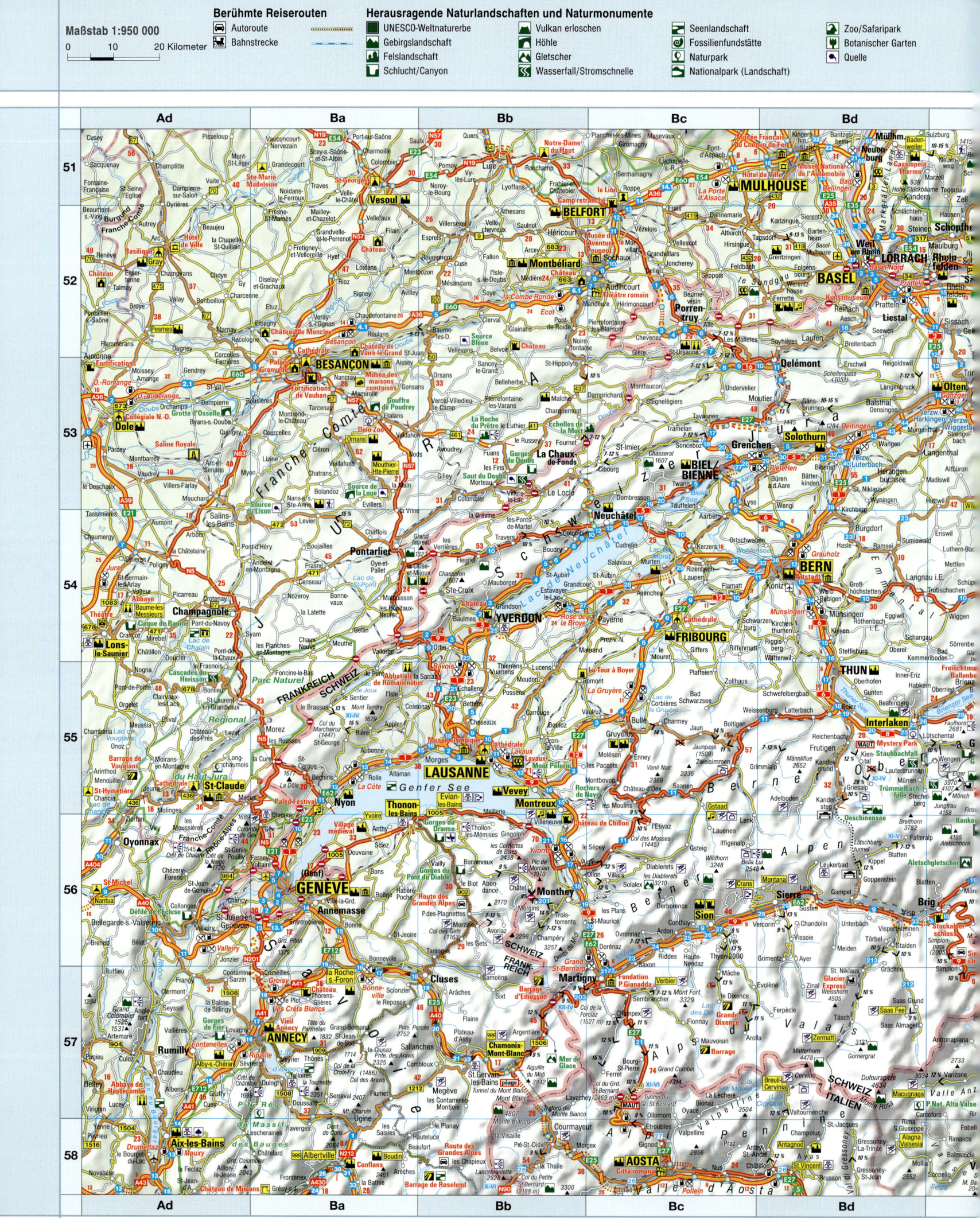

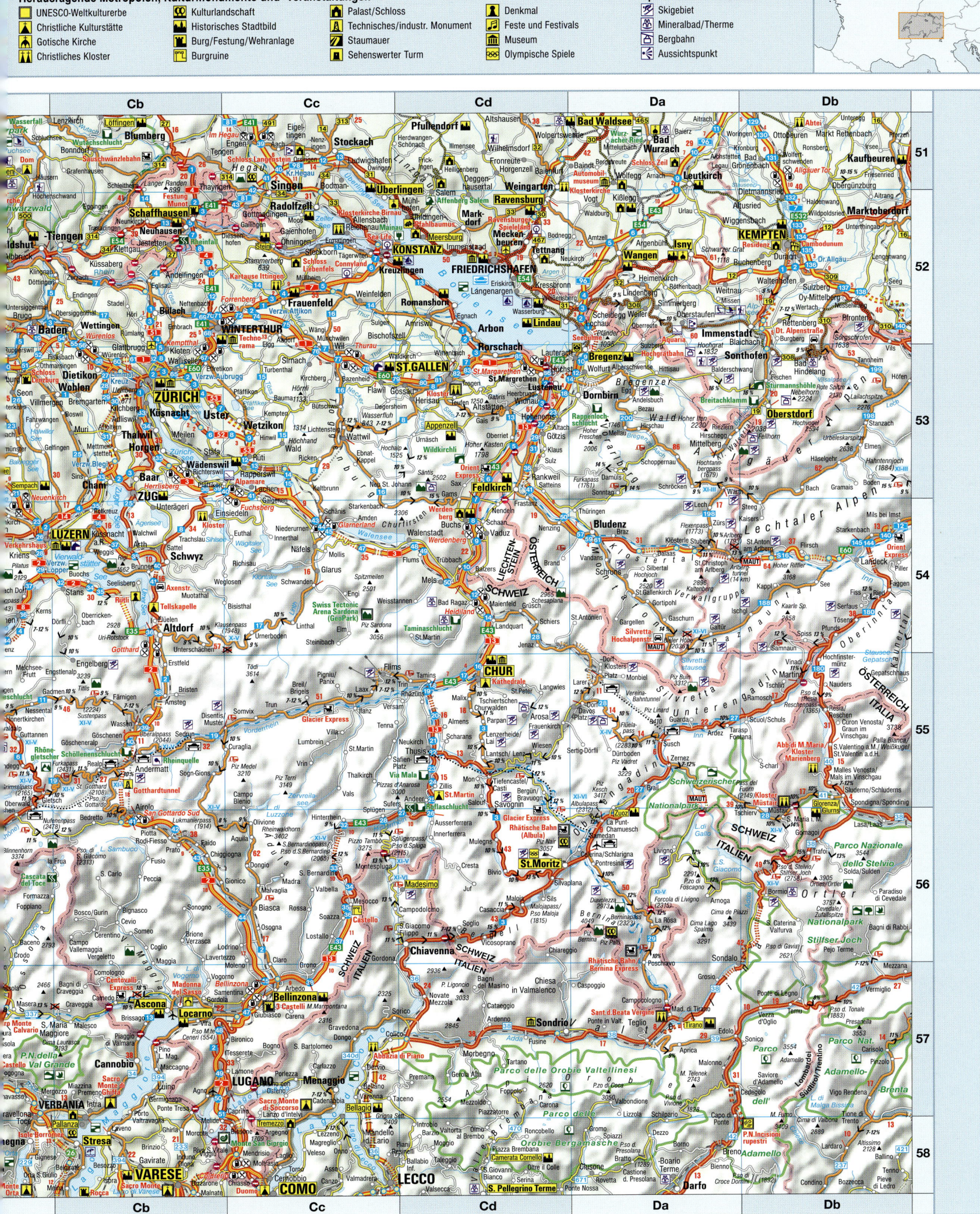

Die Registereinträge beziehen sich auf den Bildteil und auf die Karten. Nach dem Stichwort folgt, entsprechend dem Karteneintrag, ein Piktogramm (Erklärung Seite 155), das auf die Art der Sehenswürdigkeit verweist. Seitenzahl und Suchfeldangabe für den Kartenteil sind fett gedruckt. Danach folgt die Seitenzahl für den Bildteil, und zuletzt werden Internet-Adressen angegeben, die einen raschen Zugriff auf weitere aktuelle Informationen über die in diesem Werk beschriebenen Orte und Sehenswürdigkeiten ermöglichen. Die meisten auf den Bildseiten erwähnten Namen sind auch im Kartenteil zu finden, der darüber hinaus eine Fülle weiterer touristischer Hinweise bietet.

A
Aarau	**157 Ca53**		www.aarau.ch
Aarburg	**156 Ca53**	14 f.	www.aarburg.ch
Aare	**156 Bc53**	14 f., 71	www.aare-asa.ch
Aargau		14	www.ag.ch
Adelboden	**156 Bd55**	84 f.	www.adelboden.ch
Ádula	**157 Cc56**		www.zapport.ch
Ägerisee	**157 Cb54**	96 f.	www.hls-dhs-dss.ch/textes/d/D8652.php
Aigle, Château d'		142	www.chateauaigle.ch
Airolo	**157 Cb56**		www.airolo.ch
Aletschgletscher	**156 Ca56**	83, 141	www.pronatura.ch/aletsch/de/natur/aletschgletscher.html
Aletschhorn	**156 Ca56**		www.weltnaturerbe.ch
Aletschwald		141	www.pronatura.ch/aletsch/de/natur/aletschwald.html
Allalingletscher		145	glaciology.ethz.ch/inventar/glaciers/allalin.html
Alpstein		35	www.appenzell.ch/pages/angebote/wandern
Altdorf	**157 Cb54**	92	www.altdorf.ch
Altendorf		98 f.	www.altendorf.ch
Andermatt	**157 Cb55**	94	www.andermatt.ch
Appenzeller Land		37	www.appenzell.ch
Arbon	**157 Cd52**		www.arbon.ch
Areuse-Schlucht		44	www.wandersite.ch/Tageswanderung/790_Jura.html
Arosa	**157 Cc55**	103	www.arosa.ch
ART in Basel (Kunstmus.)	**156 Bd52**	12 f.	www.artbasel.ch
Ascona	**157 Cb57**	132	www.ascona.ch

B
Bachalpsee		64	www.jungfraubahn.ch
Baden	**157 Cb52**		www.baden.ch
Basel	**156 Bd52**	11	www.basel.ch
Bellinzona	**157 Cc57**	129	www.bellinzona.ch
Bergell	**157 Cd56**	118 f.	www.bregaglia.ch
Berglistüber-Wasserfall		94	www.braunwald.ch
Bern	**156 Bd54**		www.bern.ch
		67, 69, 73	
Berner Alpen	**156 Bc56**		www.weltnaturerbe.ch
Berner Oberland	**156 Bc55**		www.berneroberland.ch
		64 f., 72, 76 f., 84	
Bernina	**157 Da56**	117	www.hikr.org/dir/Piz_Bernina_358
Bernina-Express	**157 Da56**	105	www.rhb.ch
Biel/Bienne	**156 Bc53**	48 f.	www.biel-bienne.ch
Bieler See	**156 Bc53**	48 f.	www.bielersee.ch
Botta, Mario		130	www.botta.ch
Brienz	**156 Ca55**	71	www.brienz.ch
Brienzer See	**156 Ca55**	71	www.brienzersee.ch
Brig	**156 Ca56**	142	www.brig.ch
Brissago	**157 Cb57**	133	www.isolebrissago.ch
Bülach	**157 Cb52**		www.buelach.ch
Bussalp		76	www.bussalp.ch

C
Calatrava, Santiago		89	www.calatrava.com
Calvin, Jean		60	www.calvinianum.de
Castasegna		119	www.bregaglia.ch
Castelgrande	**157 Cc57**	128 f.	www.bellinzonaunesco.ch
Cham	**157 Cb53**		www.cham.ch
Chillon, Château	**156 Bb56**	58	www.chillon.ch
Chur	**157 Cd55**	102 f.	www.chur.ch
Churfirsten	**157 Cc54**	34 f.	www.toggenburg.org
Col Ferret		151	www.pays-du-saint-bernard.ch
Crans	**156 Bc56**		www.montana.ch
Creux du Van		44	www.switzerland.com/de

D
Davos	**157 Da55**	102 f.	www.davos.ch
Delémont	**156 Bd53**		www.delemont.ch
Dent Blanche		151	www.4000er.de/gipfel.php?vid=56
Dent d'Hérens		151	www.4000er.de/gipfel.php?vid=51
Dents du Midi	**156 Bb56**	55	www.wandersite.ch/DentsduMidi.html
Dietikon	**157 Cb53**		www.dietikon.ch

E
Eiger	**156 Ca55**	78, 82 f.	www.grindelwald.travel
Einsiedeln, Kloster	**157 Cb54**	98 f.	www.kloster-einsiedeln.ch
Emmental	**156 Bd54**	50 f.	www.emmental.ch
Emmentaler		52	www.emmentaler.ch
Engadin		100	www.engadin.stmoritz.ch
Engadiner Seenplatte		116	www.engadin.stmoritz.ch
Engelberg	**157 Cb55**		www.engelberg.ch
Estavayer-le-Lac	**156 Bb54**	42 f.	www.estavayer-le-lac.ch

F
Feegletscher		144 f.	glaciology.ethz.ch/inventar/download/fee.pdf
Fiescherhörner		78	www.summitpost.org/mountain/rock/150694/fiescherhorn
Finsteraarhorn	**156 Ca55**	76	www.finsteraarhornhuette.ch
Flims	**157 Cc55**		www.gemeindeflims.ch
Flüelapass	**157 Da55**		www.schweizerseiten.ch/info/info_flüelapass.htm
Frauenfeld	**157 Cc52**		www.frauenfeld.ch
Freiburg/Fribourg	**156 Bc54**	46 f.	www.fr.ch/ville-fribourg
Frutigland		85	www.frutigen.ch
Fünffingerstöck		72	www.mountains2b.com
Furka-Dampfbahn		105	www.furka-bergstrecke.ch
Furkapass	**157 Cb55**	75, 138	www.switzerland.com/de

G
Gauligletscher		76	glaciology.ethz.ch/inventar/download/gauli.pdf
Genfer See	**156 Bb55**		www.genfersee.net
Genf/Genève	**156 Ba56**	55, 61	www.geneve.ch
Gentilino		134	www.collinadoro.com
Giornico	**157 Cb56**	126	www.giornico.com
Glacier-Express	**156 Bd57**	104 f.	www.glacierexpress.ch
Glarner Alpen		95	www.berge.gl
Glarner Berge		94	www.gl.ch
Glarnerland		95	www.glarusnet.ch
Glarus	**157 Cc54**	95	www.gl.ch
Gornergletscher		146	www.swisseduc.ch/glaciers/alps/gornergletscher
Gornergrat	**156 Bd57**	136	www.gornergrat.ch
Gotthard	**157 Cb55**	122	www.switzerland.com/de
Gotthard-Basistunnel		124 f.	www.alptransit.ch
Gotthardpassstrasse		122, 127	www.gotthard-strassentunnel.ch
Graubünden		100	www.graubuenden.ch
Greyerzerland (Pays de Gruyère)		47	www.la-gruyere.ch
Greyerz/Gruyères	**156 Bc55**	46	www.gruyeres.ch
Grimselpass	**157 Ca55**	74 f.	www.switzerland.com/de
Grimselsee		64, 76	www.grimselwelt.ch
Grindelwald	**156 Ca55**	64	www.grindelwald.ch
Grosser-Sankt-Bernhard-Pass	**156 Bc57**	75	www.schweizerseiten.ch/paesse_strasse.htm
Gross Wellhorn		76	www.summitpost.org/mountain/rock/151522/Wellhorn.html
Gstaad	**156 Bc55**	87	www.gstaad.ch
Guarda	**157 Da55**	106	www.guarda.ch

H
Haslital		73	www.haslital.ch
Herisau	**157 Cd53**		www.herisau.ch
Hesse, Hermann		135	www.hessekolloquium.de
Hinterrhein	**157 Cc56**		www.viamalaferien.com
Horgen	**157 Cb53**		www.horgen.ch

I
Innertkirchen	**157 Ca55**	73	www.innertkirchen.ch
Interlaken	**156 Bd55**	71, 83	www.interlaken.ch
Internationales Olympisches Komitee		57	www.olympic.org
Ittingen, Kartause	**157 Cc52**	29	www.kartause.ch

J
Juf	**157 Cd56**	121	www.jufferien.ch
Jungfrau	**156 Ca55**	82 f.	www.jungfrau.ch
Jungfraujoch		83	www.jungfraubahn.ch
Jura, Schweizer	**156 Bb54**	44	www.ju.ch

K
Kandersteg	**156 Bd55**	84 f.	www.kandersteg.ch
Kapellbrücke		88	www.kapellbruecke.info
Käse		53	www.switzerland-cheese.ch
Klausenpass	**157 Cb54**	95	www.klausenpasshoehe.ch
Klein Matterhorn		136	www.klein-matterhorn.ch
Klein Wellhorn		76	www.hikr.org/tour/post7480.html
Kloten	**157 Cb53**		www.kloten.ch
Kreuzlingen	**157 Cc52**	26 f.	www.kreuzlingen.ch
Küsnacht	**157 Cb53**		www.kuesnacht.ch
Küssnacht am Rigi	**157 Cb54**	92	www.kuessnacht.ch

L
La Chaux-de-Fonds	**156 Bb53**	63	www.chaux-de-fonds.ch
Lago di Lugano	**157 Cc57**	135	lagolugano.ticino.ch
Lago di Saoseo		112	www.valposchiavo.ch
Lago Maggiore	**157 Cb58**	132 f.	www.maggiore.ch
Lausanne	**156 Bb55**	55, 57	www.lausanne.ch
Lauterbrunnen	**156 Bd55**	80 f.	www.lauterbrunnen.ch
Lauterbrunnental		81	www.mylauterbrunnen.com
Lavaux	**156 Bb55**	54 f.	www.cully.ch
Les Diablerets	**156 Bc56**		www.diablerets.ch
Leukerbad	**156 Bd56**		www.leukerbad.ch
Liestal	**156 Bd52**		www.liestal.ch
Limmat		18	www.standort-limmattal.ch
Locarno	**157 Cb57**	132	www.locarno.ch
Lötschental		143	www.loetschental.ch
Lugano	**157 Cc57**	134 f.	www.lugano.ch
Lützelau		23	www.luetzelau.ch
Luzern	**157 Ca54**	88 f.	www.luzern.ch
Luzerner See		90	www.luzern.org

M
Magadino		133	www.gambarognoturismo.ch
Malcantone		135	www.malcantone.ch
Malojapass/Passo del Maloggia	**157 Cd56**	118 f.	www.hls-dhs-dss.ch/textes/d/D8813.php
Martigny	**156 Bc57**		www.martigny.ch
Martinsloch		94	sternwartebuelach.ch
Matterhorn	**156 Bd57**	148 f.	www.zermatt.ch/d/matterhorn
Mattertal		149	www.vs-wallis.ch/wallis/mattertal/main.html
Meiental		72	www.sustlihuette.ch
Meiringen	**157 Ca55**	72 f.	www.meiringen.ch
Menzingen		97	cgi.zug.ch/menzingen
Meyer, Conrad Ferdinand		117	www.cfmeyer.ch
Mönch	**156 Ca55**	83	www.hikr.org/dir/Mönch_3490/
Montagnola		135	www.gentilino.ch
Montana	**156 Bd56**		www.montana.ch
Mont Blanc de Cheilon		151	www.hikr.org/tour/post155.html
Mont Collon		151	www.hikr.org/tour/post2522.html

158 Schweiz

Lago di Saoseo im Val Poschiavo (Puschlav) im Oberengadin; Kirche S. Ambrogio in Negrentino im Valle di Blenio; Rhätische Bahn auf dem Landwasserviadukt bei Filisur; zwei Bergsteiger auf dem Lyskam (4527 Meter).

Montebello	157 Cc57	128 f.	www.bellinzonaunesco.ch
Monte Brè		134 f.	www.monte-bre.ch
Monte Rosa	156 Bd57	146 f.	www.tour-monte-rosa.ch
Monte San Salvatore		134 f.	www.montesansalvatore.ch
Monthey	156 Bb56		www.monthey.ch
Montreux	156 Bb55	58 f.	www.montreux.ch
Morcote	157 Cb58	134	www.morcote.ch
Morgenstreich		10	www.fasnacht.ch
Morteratsch-Gletscher		116	www.swisseduc.ch/glaciers/morteratsch/index-de.html
Münstertal siehe Müstair, Kloster			
Mürren	156 Bd55	81	www.muerren.ch
Murten	156 Bc54	47	www.murten-morat.ch
Musée de l'Horlogerie		63	www.mih.ch
Müstair, Kloster	157 Db55	110 f.	www.muestair.ch
Negrentino		126	www.vallediblenio.ch/chiese/negrentino/indexg.php
Neuenburg/Neuchâtel	156 Bc54	43	www.neuchatelville.ch
Neuenburger See/ Lac de Neuchâtel	156 Bb54	43	www.drei-seen-land.ch
Neuhausen	157 Cb52		www.neuhausen.ch
Nidwalden		65	www.nw.ch
Nufenenpass	157 Ca56	75, 127	www.schweizerseiten.ch/info/info_nufenenpass.htm
Nyon	156 Ba55		www.nyon.ch
Oberengadin	157 Da56		www.engadin.stmoritz.ch
Ofenpass siehe Pass dal Fuorn			
Olten	156 Ca53		www.olten.ch
Pass dal Fuorn	157 Da55		www.schweizerseiten.ch/info/info_ofenfuornpass.htm
Pilatus	157 Ca54	90 f.	www.pilatus.com
Piz Bernina	157 Da55	117	www.4000er.de/gipfel.php?vid=1
Piz Corvatsch		116 f.	www.corvatsch.ch
Piz Morteratsch		117	www.engadin.stmoritz.ch
Piz Roseg		112, 117	www.engadin.stmoritz.ch
Piz Vadret	157 Da55		www.hikr.org/dir/Piz_Vadret_5707
Pontresina	157 Da56	112 f.	www.pontresina.ch
Porrentruy	156 Bc52	41	www.porrentruy.ch
Poschiavo	157 Da56	112	www.valposchiavo.ch
Rapperswil	157 Cc53	22 f.	www.rapperswil.ch
Reussgletscher		91	www.gemeinde-andermatt.ch
Reusstal		73	www.stiftung-reusstal.ch
Rhätische Bahn	157 Cd55	105	www.rhb.ch
Rhein	157 Cb52	102	www.iksr.org
Rheinfall	157 Cb52	24 f.	www.rheinfall.ch
Rheinfelden	156 Ca52		www.rheinfelden.ch
Rheinwald		121	www.rheinwald.ch
Rhonegletscher	157 Ca55	138 f.	www.gletscher.ch
Rhonetal		137, 143	www.tourismusauskunft.ch/wallis.php
Rigi		91	www.rigi.ch
Romanshorn	157 Cd52	26 f.	www.romanshorn.ch
Rorschach	157 Cd53	26	www.rorschach.ch
Rorschacher Bucht		16	www.schifffahrt-rorschach.ch
Rosenlauigletscher		76	www.rosenlauischlucht.ch
Rousseau, Jean-Jacques		48	www.raffiniert.ch/srousseau.html
Rütlischwur	157 Cb54	91, 93	www.tell.ch
Saane		46	www.kanubern.ch
Saas-Fee	156 Bd57	144 f.	www.saas-fee.ch
Saastal		144	www.saastal.ch
Saint-Ursanne	156 Bc52	41	www.st-ursanne.ch
San Bernardino	157 Cc56	120 f.	www.sanbernardino.ch
San-Bernardino-Pass	157 Cc56		www.sanbernardino.ch
Sankt Gallen	157 Cd53		www.stadt.sg.ch
Sankt Moritz	157 Cd56	114 f.	www.stmoritz.ch
Sankt-Peters-Insel		48	www.st-petersinsel.ch
Säntis	157 Cd53	17	www.saentisbahn.ch
Sasso Corbaro	157 Cc57	129	www.bellinzonaunesco.ch
Savoyer Alpen	156 Ba56	55	www.savoie-mont-blanc.com
Schächental		95	www.schaechental.ch
Schaffhausen	157 Cb52	25	www.schaffhausen.ch
Scheidegg, Kleine		78	www.bahnhof-scheidegg.ch
Schreckhorn		76	www.4000er.de/gipfel.php?vid=10
Schuls/Scuol	157 Db55	106	www.scuol.ch
Schweizerischer Nationalpark	157 Da55	108 f.	www.nationalpark.ch
Schwyz	157 Cb54	65	www.sz.ch
Segantini, Giovanni		119	www.segantini-museum.ch
Sent		106	www.sent.ch
Sertigtal		102	www.sertigtal.ch
Sierre	156 Bd56		www.sierre.ch
Silsersee		117	www.sils-segl.ch
Silvaplana	157 Cd56	117	www.gemeinde-silvaplana.ch
Silvaplanersee		116	www.silvaplana-events.ch
Simmental		86, 87	www.simmental.ch
Simplonpass	156 Ca56	75	www.simplon.ch
Sion	156 Bc56		www.sion.ch
Soglio	157 Cd56	118	www.bregaglia.ch
Solothurn	156 Bd53	15	www.so.ch
Splügen	157 Cc56	121	www.gemeinde-spluegen.ch
Splügenpass	157 Cc56		www.passospluga.it
Staubbachfälle	156 Bd55	80	www.mylauterbrunnen.com
Stein am Rhein	157 Cc52	16, 25	www.stein-am-rhein.ch
Stiftsbibliothek St. Gallen		31	www.stiftsbibliothek.ch
Stockalperpalast/-schloss	156 Ca56	142	www.brig-belalp.ch/sehenswuerdigkeiten
Surselva		103	www.regiun-surselva.ch
Susten	156 Bd56	73	www.leuk.ch
Sustenpass	157 Cb55	72 f.	www.sustenpass.ch
Tarasp	157 Da55	100, 106	www.scuol.ch
Tell, Wilhelm		92 f.	www.tellmuseum.ch
Tell-Sage		91	www.geschichte-schweiz.ch
Tessin		123	www3.ti.ch
Thalwil	157 Cb53		www.thalwil.ch
Thun	156 Bd55	71	www.thun.ch
Thuner See	156 Bd55	70 f.	www.thunersee.ch
Tödi	157 Cc55		www.fridolinshuette.ch
Toggenburg	157 Cc53	34 f.	www.toggenburg.ch
Tre Castelli	157 Cc57	128	www.bellinzonaunesco.ch
Trümmelbachfälle	156 Ca55	80 f.	www.truemmelbachfaelle.ch
Tschingelhörner		94	whc.unesco.org/en/list/1179
Ufenau		23	www.ufenau.ch
Unterengadin	157 Da55	106 f.	www.engadin.stmoritz.ch
Uri		65, 73	www.ur.ch
Urner See	157 Cb54	90	www.fluelen.ch/Umwelt/WA_See.htm
Uster	157 Cb53		www.uster.ch
Val Bedretto		127	www.mountainzones.com
Val d'Anniviers		151	www.sierre-anniviers.ch
Val d'Hérens		151	www.herens-tourisme.ch
Val de Travers		44	www.gout-region.ch
Val de Zinal	156 Bd57	151	www.zinal.ch
Val Ferret	156 Bc57	150 f.	www.orsieres.ch
Valle Leventina		126 f.	www.leventinaturismo.ch
Valle Maggia	157 Cc56	130	www.vallemaggia.ch
Valle Verzasca		131	www.verzasca.com
Vevey	156 Bb55	59	www.vevey.ch
Via Mala	157 Cb53	121	www.kulturraum-viamala.ch
Via-Mala-Schlucht	157 Cc55	120 f.	www.viamala.ch
Vierwaldstätter See	157 Cb54	65, 89, 90 f.	www.lakeluzern.ch
Vorderrhein	157 Cc55		www.ruinaulta.ch
Waadt		55	www.vd.ch
Wädenswil	157 Cb53		www.waedenswil.ch
Wägital		99	www.vorderthal.ch
Wägitaler See	157 Cc54	99	www.stausee.ch
Walensee	157 Cc54	34 f., 95	www.walenseeschiff.ch
Wallis		137	www.vs.ch
Wassen	157 Cb55	73	www.wassen.ch
Weisshorn	156 Bd57	147	www.arosabergbahnen.com
Wengen	156 Ca55	79	www.lauterbrunnen.ch
Wengernalpbahn		78	www.jungfraubahn.ch
Werdenberg	157 Cd54	34 f.	www.werdenberg.ch
Wil	157 Cc53	32 f.	www.stadtwil.ch
Winterthur	157 Cb52		www.stadt.winterthur.ch
Yverdon	156 Bb54		www.yverdon.ch
Zermatt	156 Bd57	136, 148 f.	www.zermatt.ch
Zinggenstock		76	www.guttannen.ch
Zug	157 Cb53	96 f.	www.stadtzug.ch
Zuger See	157 Cb53	97	www.zugtourismus.ch
Zürich	157 Cb53	19, 21	www.zuerich.ch
Zürichsee	157 Cb53	18, 21 f.	www.zuerichsee.ch

Schweiz 159

Bildnachweis

Abkürzungen:
A = Alamy
Bridge.= Bridgemanart.com
BB = Bilderberg
C = Corbis
G = Getty
L = laif
Mau = Mauritius
Schapo = Schapowalow

1: Huber; 2/3: L/Specht; 4/5: Roland Gerth; 6/7: Huber; 8 o.: Roland Gerth; 8/9: Roland Gerth; 10 o. l.: blickwinkel/Fotohannes; 10 o. M.: L/Hemis; 10 o. r.: blickwinkel/Fotohannes; 10/11: Mau/Westend61; 11: L/Heeb; 12 o. l.: A/Interfoto; 12 o. M.: A/Interfoto; 12 o. r.: A/Monheim; 12 l.: A/Sackermann; 12/13: A/Monheim; 13 r. M.: A/Sackermann; 13 r. u.: A/Sackermann; 14 o. l.: Bios/Delfino; 14 o. r.: Bios/Delfino; 14 l.: A/Scott; 14/15: A/Scott; 16 o.: A/Jenny; 16/17: L/Modrow; 17 r. o.: A/Wassermann; 17 r. u.: A/Wassermann; 18 o.: Mau/Higuchi; 18/19 o.: A/JupiterImages; 18/19 u.: Getty/PanoramaImages; 19 r. o.: F1online/Prisma; 19 r. u.: F1online/Prisma; 20/21: A/MCS; 22 o. l.: L/Kierck; 22 o. r.: L/TCS; 22/23: Getty/Panoramalmages; 22 r. u.: A/Adams; 24 o.: F1online/Prisma; 24/25: Getty/AFP; 25 r. o.: remotephoto; 25 r. M.: Visum/pixsil.com; 25 r. u.: Visum/pixsil.com; 26 o.: MCS/Eigstler; 26 o. r.: A/MCS; 26/27: Getty/Panoramalmages; 28 o. l.: BB/de Lang; 28 o. M.: f1online/Prisma; 28 o. r.: BA-online; 28/29: Visum/Buellesbach; 28 u.: MCS/Bangerter; 29: f1online/Prisma; 30 o. l.: Mau/Imagebroker; 30 o. r.: Mau/Imagebroker; 30/31: A/Interfoto; 31 r. o.: A/Interfoto; 31 r. u.: A/Interfoto; 32 o. l.: Blickwinkel/Gerth; 32 o. M.: A/Wassermann; 32 o. r.: A/Dieterich; 32 l.: A/Wassermann; 32/33: A/Wassermann; 34 o. l.: Mau/Imagebroker; 34/35: L/Kirchgessner; 35: Bieker; 36 o. l.: Mau/Imagebroker; 36 o. r.: Mau/Imagebroker; 36/37: Mau/Imagebroker; 38 o.: A/Szönyi; 38/39: Roland Gerth; 38 u.: Roland Gerth; 40 o.: f1 online/Prisma; 40 l.: A/Arco; 40/41: blickwinkel/Gerth; 41 r. o.: alimdi/Schellinger; 41 r. M.: L/Heeb; 41 r. u.: F1online/Prisma; 42 u.: Huber/Eigstler; 42/43: L/Hub; 44 o.: f1 online/Prisma; 44/45: A/MCS; 45 r. o.: Corbis/Vannini; 45 r. u.: A/Baitramantis; 46 o. l.: A/Jenny; 46 o. M.: Corbis/Vannini; 46 o. r.: A/MCS; 46/47: Mau/imagebroker; 47 r.: Premium; 48 o. l.: MCS/Croci+duFresne; 48 o. r.: A/Smart; 48 l: Getty/Image Bank; 48/49: A/Paredes; 50 o. 1: BA-online; 50 o. 2: Dirk Renckhoff; 50 o. 3: Dirk Renckhoff; 50 o. 4: Visum/Buellesbach; 50/51: Visum/Buellesbach; 51: Visum/Buellesbach; 52 o.: F1online/Prisma; 52/53: A/MCS; 54 o.: Huber; 54/55: Premium/Sonderegger; 55 o.: A1Pix/HPL; 55 u.: Schapowalow/Huber; 56 o.: A/Carter; 56 l. o.: A/Carter; 56 l. u.: A/Carter; 56/57: Eberhard Grames; 57 o.: Okapia; 57 u.: A/Carter; 58 o.: f1online; 58/59: Huber; 60 o.: MCS/Eigstler; 60/61: A/Wilmar; 61: A/Hollweck; 62 o. l.: Images/Leber; 62 o. M.: L/Modrow; 62 o. r.: Alexandra Vosling; 62/63: Corbis/Grand Tours; 63 r. o.: A/Bettex; 63 r. u.: A/Bettex; 64 o.: Getty/Woodhouse; 64/65: Getty/Wolf; 65 r. 1: L/Kirchner; 65 r. 2: L/Gonzalez; 65 r. 3: L/Modrow; 66 o.: L/Heuer; 66: L/Heuer; 66/67: L/Heuer; 67 r. 1: L/Heuer; 67 r. 2: L/Heuer; 68 o.: f1online/Prisma; 68/69: Huber/Fantiz; 70 o.: Huber/Eigstler; 70/71: Getty/Altrendo; 72 o.: L/Kuerschner; 72/73: A1Pix/AAC; 73 u.: A/MCS; 74 o.: f1 online/Prisma; 74/75: Getty/Panoramic Images; 75 u.: A/Jepson; 76 o.: f1 online/Prisma; 76 l. l.: L/Kuerschner; 76 u. M.: A/mediacolor's; 76 u. r.: Getty/Higuchi; 76/77: A/FAN; 78 o. l.: Getty/Eigstler; 78 o. r.: Getty/Robert Harding; 78/79: Huber/Gräfenhain; 79 r. o.: Huber/Gräfenhain; 79 r. M.: Huber; 79 r. u.: A/Jon Arnold; 80 r.: f1online/Prisma; 80/81: Roland Gerth; 81 o.: Getty/Robert Harding; 81 u.: Roland Gerth; 82 o. l.: Getty/Travelpix; 82 o. r.: Getty/Ruegner; 82 u. l.: A/Worldwide Picture Library; 82 u. r.: Getty/Stone; 82/83: Getty/Tucker; 84 o.: A/Fowler; 84/85: Getty/PatitucciPhoto; 85 r.: A/Jon Arnold; 86 o. l.: Graffiti/Roettgers; 86 o. r.: Graffiti/Roettgers; 86/87: A/Imagebroker; 87 r. o.: alimdi/Fischer; 87 r. u.: alimdi/Fischer; 88 o.: Getty/Panoramic Images; 88/89: travelstock/Held; 89 o. l.: alimdi/Keller; 89 o. r.: blickwinkel/allover; 90 o. l.: Aura; 90 o. r.: A/Tanner; 90 l.: L/Heeb; 90/91: A/mediacolor's; 92 o. l.: L/Daams; 92 o. r.: L/Horree; 92/93: bridgemanart; 93: bridgemanart; 94 o.: Getty/Panoramic Images; 94 u.: f1online/Prisma; 94/95: f1online/Prisma; 95 r.: f1online/Prisma; 96 o.: Getty/Panoramic Images; 96 u.: BB/Ellerbrock; 96/97: blickwinkel/Hermann; 98 o. 1: A/Fischer; 98 o. 2: A/Interfoto; 98 o. 3: A/Interfoto; 98 o. 4: A/Interfoto; 98/99: L/Galli; 99 o.: Monheim/Bednorz; 99 u.: f1online/Tips Images; 100 o.: MCS/Dettling; 100/101: A/nagelstock; 102 o. l.: f1online/Prisma; 102 o. r.: A/MCS; 102/103: Corbis/Gerth; 103: Corbis/Gerth; 104 o.: MCS/Miller; 104 l.: Getty/Art Wolfe; 104/105: L/Galli; 105 r.: Getty/Kennedy; 106 o. l.: Huber; 106 o. r.: Caro/Riedmiller; 106: Eisele Photos; 107 l. 1: tbkmedia; 107 l. 2: A/imagebroker; 107 l. 3: A/Arco; 107 l. 4: Schapo/Fischer; 107: Schapo/Fischer; 108 o.: Getty/Lonely Planet; 108 u.: A/blickwinkel; 108 u. l.: blickwinkel/Gerth; 108/109: Getty/Robert Harding; 110 o.: Bildagentur Geduldig; 110/111: alimdi/Born; 111: alimdi/Born; 112 o. l.: mediacolor's/Eigstler; 112 o. r.: Look/Strauss; 112/113: Reinhard Eisele; 113 o.: Schapowalow/Huber; 113 u.: Huber; 114 o.: A/Jon Arnold; 114/115: L/Galli; 115 l. o: L/Granseler; 115 l. M.: L/Galli; 115 l. l.: L/Galli; 115 r.: L/Galli; 116 o. l.: Huber/Ripani; 116 o. r.: f1online/Prisma; 116/117: A/mediacolor's; 117 r. 1: A/tbkmedia; 117 r. 2: Huber 117 r. 3: blickwinkel/Frischknecht; 117 r. 4: Eisele Photos; 118 o.: f1online/Prisma; 118 u.: f1online/Prisma; 118/119: A/Content Mine International; 120 o.: blickwinkel/Gerth; 120 l.: mediacolor's/Pauli; 120/121: mediacolor's Eigstler; 121: Schapowalow/Fischer; 122 o.: Helga Lade; 122/123: A/Robert Harding; 124 o.: f1online/Prisma; 124/125: Visum/Schulze; 125 r. o: Caro/Riedmiller; 125 r. M.: remotephoto/Züchter; 125 r. u.: Caro/Riedmiller; 126 o.: Schapo/Atlantide; 126 l.: Aura/Ammon; 126/127: BA-online; 128 o.: Schapo/Atlantide; 128/129: L/Kirchner; 129 o. l.: Getty/Panoramic Images; 129 o. r.: Getty/Panoramic Images; 130 o.: Look/Wohner; 130 u.: Waterframe/Zami; 130/131: Waterframe/Zami; 131 o.: L/Celentano; 131 r.: A/travelstock44; 132 r.: L/Galli; 132/133: Getty/Pompe; 134 o.: Getty/Simeone Huber; 134/135: Look/Wohner; 135 o.: Huber; 135 u.: Getty/Florian Werner; 136 o.: A/Friend; 136/137: A/Bibikow; 138 o.: TV-yesterday; 138/139: EyeUbiquitos/Hutchinson; 139 u.: MCS/Socorno; 140 o.: A/blickwinkel; 140/141: MCS; 142 o.: Huber; 142/143: Schapo/Huber; 143 u.: Stll Pictures; 143: Schapo/Fischer; 144 o. l.: A/Bower; 144 o. r.: Look/Pompe; 144/145: A/Nussbaumer; 145: A/Nussbaumer; 146 o.: BA-online; 146 u.: Getty/Maremagnum; 146/147: A/Nussbaumer; 148 o. l.: A/Galvin; 148 o. r.: A/Engelbrecht; 148 u.: A/Robert Harding; 148/149: Huber; 150 o. l.: A/MCS; 150 o. r.: A/MCS; 150/151 o.: Bios/Labarbe; 150/151 u.: f1online/Prisma.

© für die Abbildungen auf den Seiten 12 o. l., o. M. (Paul Klee: 53 »Villa R«, 1919), 12 l. und 12/13 (Paul Klee: 181 »Senecio«, 1922): VG-Bildkunst, Bonn 2009

© für die Abbildung auf der Seite 12 o. r.: Successio Picasso/VG Bild-Kunst

© für die Abbildung auf der Seite 13 r. o.: Richard Long

© für die Abbildung auf der Seite 13 M.: Menashe Kadishman

© für die Abbildung auf der Seite 13 u.: Hans Dietrich Klinge

Impressum

© 2009 Verlag Wolfgang Kunth GmbH & Co KG, München
Königinstraße 11
80539 München
Telefon +49.89.45 80 20-0
Fax +49.89.45 80 20-21
www.kunth-verlag.de

© Kartografie: GeoGraphic Publishers GmbH & Co. KG
Geländedarstellung MHM ® Copyright © Digital Wisdom, Inc.

Text: Thomas Veser

Alle Rechte vorbehalten. Reproduktionen, Speicherung in Datenverarbeitungsanlagen, Wiedergabe auf elektronischen, fotomechanischen oder ähnlichen Wegen nur mit der ausdrücklichen Genehmigung des Copyrightinhabers.

ISBN 978-3-89944-456-8

Printed in Germany

Alle Fakten wurden nach bestem Wissen und Gewissen mit der größtmöglichen Sorgfalt recherchiert. Redaktion und Verlag können jedoch für die absolute Richtigkeit und Vollständigkeit der Angaben keine Gewähr leisten. Der Verlag ist für alle Hinweise und Verbesserungsvorschläge jederzeit dankbar.